QUE SAIS-JE ?

Les droits des homosexuel/les

CAROLINE MÉCARY
Avocat au barreau de Paris

GÉRAUD DE LA PRADELLE
Professeur à l'Université de Paris X - Nanterre

Deuxième édition corrigée

8e mille

ISBN 2 13 049118 9

Dépôt légal — 1re édition : 1997
2e édition corrigée : 1998, octobre

108, boulevard Saint-Germain, 75006 Paris

PRÉFACE
DE ROLAND DUMAS

Il y a vingt ans un ouvrage sur les droits des homosexuel/les aurait été inconcevable en France. Affublée de l'étiquette de « contre nature », au mieux objet de curiosité, au pire source de scandale, l'homosexualité paraissait totalement étrangère à l'univers juridique.

Aujourd'hui la parution d'un « Que sais-je ? » sur le sujet témoigne de l'importance du chemin parcouru au cours des années 1980 et 1990 ; la condition juridique des homosexuel/les est désormais une question d'actualité, en constante évolution et qui suscite de multiples interrogations : existe-t-il un droit spécifique régissant la vie privée des homosexuel/les ? Ces derniers peuvent-ils prétendre à la maternité ou à la paternité ? Quels sont aujourd'hui les droits du concubin homosexuel ?

A toutes ces questions – comme à bien d'autres – le présent ouvrage apporte des éléments de réponse en présentant la législation, la doctrine et la jurisprudence tant au niveau communautaire qu'au niveau national. Une telle synthèse est nécessaire avant de comparer la condition de l'homosexuel/le en France et dans d'autres pays et d'étudier les perspectives que laissent entrevoir les projets de contrats d'union. Trop souvent la différence est synonyme de discrimination. L'homosexuel/le obtiendra-t-il/elle dans les années à venir un statut comparable à celui de l'hétérosexuel/le ? La réponse figurera dans une prochaine édition de ce « Que sais-je ? ». Mais la présente publication permet d'ores et déjà de savoir où en est le droit dans ce domaine. Elle consacre l'évolution des esprits en même temps qu'elle ouvre les portes de l'avenir.

INTRODUCTION

Cet ouvrage est ostensiblement placé sous le signe du pluriel dont son titre témoigne. C'est qu'il a pour point de départ tout à fait pragmatique un double – et simple – constat.

D'abord une frange minoritaire de la population vivant en France est définie, de façon parfaitement réductrice, en fonction de ses préférences pour les personnes du même sexe. Pourtant cette population est d'évidence constituée de gens dont les aptitudes, les conditions sociales, les origines, les orientations politiques ou les croyances présentent une infinie diversité. Loin de constituer un genre particulier, les homosexuel/les appartiennent aux deux sexes. Ni meilleurs, ni pires que les autres habitants du territoire, ils n'ont guère en commun que d'être exposés, depuis des temps immémoriaux, à l'incompréhension viscérale du corps social.

Ensuite, on sait comment cette incompréhension a pu nourrir toutes les formes possibles de répression : les homosexuel/les furent ainsi contraints à la clandestinité ou au refoulement sous peine d'être persécutés, jadis en qualité de pécheurs contre Dieu ou la nature, naguère comme malades aimablement étiquetés de « pervers ». Aujourd'hui, dans un « État de Droit » dont la devise et la Constitution proclament l'égalité de tous les êtres humains – conformément d'ailleurs aux instruments internationaux les plus solennels – ces personnes éprouvent toujours des difficultés certaines à faire accepter leur différence comme une particularité banale. Ainsi malgré de considérables progrès, les homosexuel/les doivent encore se battre afin d'arracher la reconnaissance de droits élémentaires et multiples, dont la jouissance n'est, en principe, contestée à personne.

Il s'agit donc, ici, non pas de décrire « le droit » applicable à l'homosexualité, car il n'existe pas de dispositions qui la viseraient spécifiquement ; mais seulement « les droits » que les homosexuel/les peuvent avoir à revendiquer, soit parce qu'on les leur conteste en raison de leur orientation sexuelle, soit parce qu'ils ont, à cause de cette orientation, un intérêt particulier à s'en prévaloir.

Ce propos appelle quelques indications préliminaires. Par « droits » nous entendons les intérêts ordinaires qui peuvent être utilement défendus devant une juridiction capable d'en imposer le respect lorsqu'ils sont lésés ou lorsque leur légitimité se voit contestée, soit par l'autorité publique, soit par des personnes privées. L'accès au juge est donc essentiel pour que l'on puisse parler de « droits » autrement que sur un plan moral ou philosophique. Il faut donc apporter aussi quelques précisions sur ce point.

Chacun sait d'instinct ce qu'est une juridiction – même si l'archétype populaire en est le juge pénal : juge d'instruction, tribunal correctionnel et cour d'assises dont la réputation est généralement exécrable. Mais on ne sait pas assez en France que toute personne qui estime – hors tout contexte pénal – souffrir d'une injustice, dispose de recours devant deux sortes de tribunaux qui sont, contrairement aux croyances, de fort bonne qualité – du moins lorsqu'on les compare aux instances équivalentes à l'étranger. Si la demande est dirigée contre un particulier, elle doit être formée devant une juridiction de l'ordre judiciaire ; en principe le tribunal de grande instance (TGI) et, en cas d'appel la cour d'appel. Ces juridictions – dites « du fond » ou « du fait » – sont soumises au contrôle de la Cour de cassation – dite « juge du droit » – qui, saisie d'un pourvoi par le plaideur mécontent, vérifie que les « juges du fond » se sont conformés aux principes posés par la législation française, les dispositions européennes pertinentes, les traités internationaux, et dans tous les cas, à sa propre jurisprudence. En vertu d'une particularité française, la demande formée contre une autorité ou une personne publique ne peut être portée devant un juge judiciaire mais doit l'être devant une juridiction de l'ordre administratif : en principe, le tribunal administratif et le cas échéant la cour administrative d'appel qui statuent sous le contrôle de la section du contentieux du Conseil d'État. Celle-ci doit d'ailleurs dans certains cas être directement saisie de certains recours. Enfin en cas d'urgence on peut s'adresser aux juridictions de chaque ordre par la procédure extrêmement efficace du « référé ».

On doit ajouter que tout ne se termine pas nécessairement devant le juge français, judiciaire ou administratif. En effet toute personne qui se plaint d'une atteinte aux droits et libertés garantis par la Convention européenne des droits de l'homme (CEDH) du 4 novembre 1950[1] et qui n'a pas réussi à convaincre la justice française, dispose d'un recours devant la Commission européenne des droits de l'homme qui siège à Strasbourg. Celle-ci joue le rôle d'une sorte de filtre. A l'issue d'une procédure complexe, elle saisit par un rapport la Cour européenne des recours qu'elle considère comme « recevables ». Enfin la Cour, lorsqu'elle juge qu'une requête est bien fondée, dispose du pouvoir de condamner l'État à dédommager le requérant.

Par conséquent et en pratique, à condition que l'on ait les moyens de s'adresser à la justice tant française

1. Les formalités de ratification de cette convention par la France ont été accomplies le 3 mars 1974 ; cette date marque l'entrée en vigueur de cette convention en France ; c'est seulement en 1981 que la France acceptera que les citoyens puissent saisir directement la Commission et la Cour européennes.

qu'européenne, les intérêts légitimes des particuliers peuvent être assez efficacement défendus sous la forme de « droits ». Ceux des homosexuel/les doivent l'être comme ceux de la majorité des gens. C'est ce que nous allons tenter de montrer.

Nous laisserons de côté les « droits collectifs » qui pourraient être éventuellement revendiqués – en dépit de la tradition républicaine qui veut que la loi s'applique à tous indistinctement – par une « communauté » homosexuelle. Nous nous intéresserons essentiellement aux droits qui importent dans la vie quotidienne ; à ceux dont l'Égalité comme la Liberté, officiellement proclamées, imposent le respect au profit de chacun.

Il s'agit d'abord des droits élémentaires qu'a toute personne de vivre conformément à son orientation sexuelle (chap. I). Comme cette orientation peut être une source de frictions dans les rapports de l'homosexuel/le et des personnes qui lui sont proches en raison de liens familiaux ou professionnels, nous verrons ensuite les droits que les homosexuel/les peuvent faire valoir à l'encontre de ces « tiers » (chap. II).

Dans ces deux domaines – et sous réserve de discriminations de pur fait que le discours juridique dissimule trop facilement – les évolutions récentes de la législation et de la jurisprudence ont gommé la plupart des entorses à l'égalité des droits. Il en va différemment lorsque l'on observe les conditions faites au couple d'homosexuel/les (chap. III). C'est donc principalement sur ce terrain que l'évolution doit se poursuivre et que s'ébauchent actuellement certaines perspectives législatives (chap. IV).

Chapitre I

LA PERSONNE HOMOSEXUELLE

La personne individuelle jouit devant les tribunaux d'un régime protecteur : d'un côté la moindre atteinte à sa dignité, sa sécurité ou son intégrité physique, peut engager la responsabilité civile et même pénale de l'auteur de l'atteinte ; d'un autre côté, tout individu se voit reconnaître des droits inaliénables qui ont pour objets les divers aspects de sa personnalité. Or les tribunaux considèrent que la sexualité est un élément de la personnalité individuelle ; à ce titre, elle bénéficie du régime protégeant la personne. Les juridictions assurent ainsi à tous, indifféremment, une grande liberté d'inclination et de pratique sexuelles. Ils traitent donc – en principe – l'homosexualité comme une quelconque manière d'être de l'individu. Cependant cette liberté n'est pas illimitée ; certains comportements peuvent même faire l'objet d'une répression pénale qui vise à protéger les personnes contre des agressions, que celles-ci émanent des particuliers ou des pouvoirs publics.

Dans ce domaine les juges français empruntent à deux sortes de sources les normes qui justifient leurs décisions. Ils n'utilisent pas seulement les règles d'origine formellement française qu'ils trouvent dans leur propre jurisprudence autant que dans l'appareil des lois et des règlements. Ils recourent également – et simultanément – à des dispositions d'origine internationale : les principes développés, à partir du texte de la Convention européenne des droits de l'homme (CEDH), par les instances européennes, c'est-à-dire la Commission et la Cour européenne des droits de l'homme.

Il convient donc de distinguer les droits de la personne homosexuelle dans l'ordre interne puis dans l'ordre européen.

I. — Dans l'ordre interne

Tout/e homosexuel/le est fondé/e, d'une part, à se prévaloir devant le juge civil d'un « droit au respect de la vie privée » et d'autre part à obtenir des juridictions tant pénales que civiles qu'elles sanctionnent toute atteinte à son intégrité physique et morale ; enfin certaines circonstances particulières telles que l'emprisonnement ou l'extranéité posent au regard de l'homosexualité des problèmes spécifiques.

1. **Le respect de la vie privée.** — Le droit au respect de la vie privée a d'abord été défini par les juridictions, en l'absence de texte particulier[1]. Il a ensuite été consacré par le parlement : une loi du 1er juillet 1970, dont les dispositions figurent à l'article 9 du Code civil, dispose désormais que « chacun a droit au respect de sa vie privée. Les juges peuvent sans préjudice de la réparation du dommage subi, prescrire toutes mesures telles que séquestre, saisie et autres, propres à empêcher ou faire cesser l'atteinte à l'intimité de la vie privée ; ces mesures peuvent s'il y a urgence être ordonnées en référé ».

Une sphère de liberté qui s'étend à la sexualité est ainsi très efficacement garantie. L'individu sans distinction de sexe ni, en principe, d'orientation sexuelle, y est, en quelque sorte, seul maître de lui-même sous la protection de la loi et des juges.

1. P. Kaiser, *La protection de la vie privée,* Economica, PUAM, 3e éd., 1995.

La première conséquence de cette protection est le droit pour l'homosexuel/le de s'opposer à toute ingérence non souhaitée dans son intimité. Le plus souvent cette ingérence prend la forme de révélations qui empruntent facilement la voie de la presse. De telles révélations n'ont pas besoin d'être hostiles pour attenter à l'intimité de la vie privée. Il suffit qu'elles n'aient pas été autorisées par la personne mise en cause.

Les juridictions civiles s'attachent donc à rechercher dans chaque affaire la volonté de celui qui se plaint d'une divulgation concernant sa sexualité. Si le juge estime qu'il n'y a pas de consentement, le demandeur peut obtenir – suivant les circonstances – jusqu'à la saisie de la publication ou sa rectification et – dans tous les cas – une indemnité réparatrice du dommage subi.

Il a ainsi été jugé qu'une revue littéraire évoquant l'homosexualité de telle personne qui vivrait en ménage avec telle autre du même sexe, durant des années, portait atteinte à la vie privée. La revue a été condamnée à verser 30 000 F de dommages-intérêts au plaignant[1]. De même, le journal qui consacre un article à un homme venant d'épouser un mannequin célèbre et qui fait état d'une prétendue homosexualité du marié commet une atteinte à la vie privée sanctionnée, en l'espèce, par le versement de 50 000 F de dommages-intérêts[2]. Enfin, il a été jugé que l'écrivain qui s'inspire de sa propre liaison amoureuse pour raconter la relation de deux femmes, porte atteinte à la vie privée de sa partenaire, aisément identifiable, alors que cette dernière n'avait pas donné son accord à la publication. En l'espèce 80 000 F de dommages-intérêts ont été alloués à la partenaire[3].

1. TGI, Paris, 8 juin 1994, jurisdata 046058.
2. TGI, Paris, 5 mai 1995, jurisdata 042498.
3. TGI, Paris, 22 novembre 1995, jurisdata 048966.

Les publications attentatoires à la vie privée sont fréquemment illustrées. Or toute personne peut s'opposer à la diffusion de son image sans son autorisation. L'homosexuel/le – comme tout citoyen – a donc le droit d'exiger que l'on respecte son image ; la jurisprudence est constante. Ainsi la cour d'appel d'Aix a jugé, en 1982, que le cliché pris à l'occasion d'un bal homosexuel, avec l'accord des services organisateurs de l'événement, portait atteinte au droit à l'image du demandeur, qui figurait parmi les personnes photographiées aisément reconnaissables mais qui n'avaient pas consenti à la prise du cliché. La cour a considéré que le préjudice résultait « de la révélation des tendances homosexuelles du demandeur à ses proches »[1].

De la même manière, la cour d'appel de Paris a considéré, le 15 juin 1987, que la publication de la photographie du demandeur dans une revue destinée aux homosexuel/les pour illustrer le thème des gays sous les drapeaux, sans l'accord de l'intéressé, constituait une atteinte à son droit à l'image. La publication a été condamnée à supprimer la partie de la couverture de la revue comportant la photo du demandeur et à lui verser 40 000 F de dommages-intérêts[2].

Enfin, la chaîne de télévision qui, dans le cadre du journal télévisé, diffuse des extraits d'un reportage sur l'homosexualité, porte atteinte au droit à l'image du couple d'homosexuels participant au reportage. En effet, ces derniers ont donné leur accord pour une utilisation de leur image dans un cadre donné (reportage diffusé dans des conditions précises) autre que la rediffusion au journal télévisé. La chaîne a été condamnée à leur verser 50 000 F de dommages-intérêts[3].

1. CA, Aix-en-Provence, 14 décembre 1982, jurisdata 043828.
2. CA, Paris, 15 juin 1987, jurisdata 024029.
3. TGI, Paris, 28 juin 1995, jurisdata 043584.

Le concept d'atteinte à la vie privée et l'existence d'un droit à l'image permettent donc de sanctionner ce que l'on appelle communément l'*outing* : la révélation de l'homosexualité au moyen d'un document, sur papier ou sur tout autre support, avec ou sans image, et rendu public sans l'accord de l'intéressé.

Si le droit à la vie privée ou le droit à l'image sont sanctionnés civilement, les juridictions pénales peuvent aussi être saisies sur le fondement de l'article 226-1 du Code pénal qui réprime la fixation, l'enregistrement ou la transmission sans le consentement de la personne de l'image prise dans un lieu privé. La peine encourue est d'un an d'emprisonnement et 300 000 F d'amende.

Enfin on rappellera que la vie privée est aussi protégée par la loi du 6 janvier 1978 qui réglemente la collecte d'informations nominatives sur le citoyen et institue une autorité administrative indépendante : la Commission nationale de l'informatique et des libertés (CNIL), chargée notamment de contrôler le traitement automatisé des informations relatives aux personnes. Sont interdites toute collecte d'information relative aux origines raciales, opinions politiques, religieuses, philosophiques, syndicales ou *concernant les mœurs*. On notera néanmoins que certains fichiers peuvent mentionner ces informations, en principe prohibées, si celui qui souhaite établir ledit fichier *obtient un avis conforme de la CNIL pris par décret du Conseil d'État pour des motifs d'intérêt public.* Cet intérêt public doit s'entendre comme une exigence vitale pour l'État telle la lutte contre le terrorisme[1].

La liberté de comportement sexuel est la seconde conséquence de la protection accordée à la vie privée. Toutefois cette liberté comporte des limites : certaines

1. Voir aussi la convention du Conseil de l'Europe sur la protection des personnes à l'égard du traitement automatisé des données à caractère personnel en date du 28 janvier 1981, introduite en France par le décret 85-1203 du 15 novembre 1985.

pratiques sont, en effet, susceptibles d'engager la responsabilité civile et même pénale de leurs auteurs.

L'appréhension de l'homosexualité par le droit pénal est fluctuante : l'homosexualité fut alternativement réprimée et tolérée. Toutefois à partir du XIIIe siècle, elle a été largement réprimée[1]. On notera d'ailleurs que l'homosexualité masculine fut plus particulièrement réprimée, sans doute parce que l'on concevait mal que la sexualité des femmes pût exister en dehors des hommes. Il faut attendre la révolution française pour voir la pénalisation cesser. Pour autant, le XIXe siècle ne fut pas un siècle de tolérance ; la répression cessa seulement d'être directe. On ne sanctionne plus désormais le simple fait d'être homosexuel/le mais « les juges poursuivent et condamnent le pervers sous les chefs d'attentat à la pudeur sur mineur ou d'outrage public à la pudeur »[2].

Au XXe siècle, le mouvement répressif est renforcé. Le gouvernement de Vichy instituc, par une ordonnancc du 6 août 1942, le *délit d'homosexualité,* défini de la manière suivante : « Sera puni d'un emprisonnement de six mois à trois ans et d'une amende, quiconque aura soit pour satisfaire les passions d'autrui, excité, favorisé ou facilité la débauche ou la corruption de la jeunesse de l'un ou l'autre sexe, en dessous de 21 ans, soit pour satisfaire ses propres passions, commis un ou plusieurs actes impudiques *ou contre nature* avec un mineur de son sexe âgé de moins de 21 ans ».

1. Pour des études historiques et sociologiques : M.-J. Bonnet, *Les relations amoureuses entre femmes*, Paris, Odile Jacob, « Opus »,1995 ; J. Boswell, *Christianisme, tolérance sociale et homosexualité,* Paris, Gallimard, 1985 ; M. Foucault, *Histoire de la sexualité* (3 vol), Paris, Gallimard, « Tel », 1976 et 1984 ; F. Leroy-Forgeot., *Histoire juridique de l'homosexualité en Europe,* Paris, PUF, 1997 ; M. Lever, *Les bûchers de Sodome,* Paris, Seuil, « 10/18 », 1996 ; F. Martel, *Le rose et le noir,* Paris, Seuil, 1996 ; F. Courtray, *Norme sociale, droit et homosexualité,* thèse, Université Aix-Marseille.

2. J. Danet, Le corps homosexuel : de la répression à la conquête des droits, revue *Acte*, 1985, n° 49/50, p. 47 et s.

Le 23 décembre 1980, le législateur crut devoir ajouter un alinéa supplémentaire afin de sanctionner les relations homosexuelles *entre* mineurs, non incriminées jusque-là.

L'article 331 présentait une ambiguïté puisque « toute forme de relation sexuelle pourrait, à la limite, être définie comme un acte impudique ou contre nature et donc considérée comme une infraction »[1]. Mais surtout il ne sanctionnait que les actes homosexuels des couples de mineurs et les actes homosexuels entre un majeur et un mineur de 18 ans (le majeur, seul, était poursuivi), alors que les actes hétérosexuels entre mineurs et les actes hétérosexuels entre un majeur et un mineur de 18 ans n'étaient nullement incriminés[2].

Cette différence de traitement instaurée par le Code pénal fut très vivement dénoncée par la nouvelle majorité parlementaire élue en 1981. Elle proposa donc l'abrogation de cette disposition du Code pénal qui, après d'âpres discussions, fut votée (loi du 4 août 1982)[3].

L'homosexualité n'est donc plus réprimée de manière spécifique. Le législateur et les tribunaux protègent l'intégrité de la personne contre certains agissements, pénalement réprimés, qu'ils soient de nature homosexuelle ou hétérosexuelle. Cette répression dessine les limites actuelles de la liberté de comportement sexuel mais elle assure surtout le respect de l'intégrité de la personne et doit être analysée en tant que telle.

1. G. Halimi, *JO,* 1982, débats AN, p. 5369, col. 2.

2. L'âge du consentement aux relations sexuelles a varié : en 1980, il est de 15 ans pour les hétérosexuel/les et de 18 ans pour les homosexuel/les.

3. P. Jestaz, *Revue trimestrielle de droit civil,* 1982, p. 795 et s. ; D. Mayer, De quelques aspects de la dépénalisation actuelle en France : en matière de mœurs, *Revue de science criminelle,* 1989, n° 3, p. 442 et s. Voir aussi Merle et Vitu, *Droit pénal, spécial,* 1982, p. 1515 et s.

2. **Le respect de l'intégrité de la personne.** — La volonté de protéger la personne – y compris lorsqu'elle est homosexuelle – se traduit par la mise en œuvre de normes qui interdisent les atteintes d'ordre sexuel aussi bien à son intégrité physique qu'à sa dignité.

Sont ainsi visés des actes qui ont, d'ordinaire, la vie privée pour théâtre et qui font pourtant l'objet de textes du Code pénal :

— sont interdites les atteintes sexuelles commises par un majeur, sans violence, contrainte, menace ou surprise, sur un mineur de quinze ans. La peine encourue est de deux ans d'emprisonnement et 200 000 F d'amende (227-25 CP) ; mais, si le majeur a autorité sur le mineur (autorité parentale ou exercice d'une fonction qui confère autorité), la peine encourue est de dix ans d'emprisonnement et 1 000 000 F d'amende (227-26 CP) ;

— sont interdites les atteintes sexuelles commises sans violence, contrainte, menace ou surprise, sur un mineur de plus de quinze ans par personne ayant autorité. La peine encourue est de 2 ans d'emprisonnement et 200 000 F d'amende (227-27 CP).

Jusqu'en 1980 le viol d'un homme par un autre homme n'était pas incriminé. La définition traditionnelle du viol consistait en un rapport sexuel imposé par un homme à une femme par les voies naturelles et mené jusqu'à complète pénétration. L'ancien article 332 qui réprimait le viol a été modifié, en 1980, et rédigé de la manière suivante : « Tout acte de pénétration sexuelle de quelque nature que ce soit, commis sur la personne d'autrui par violence, contrainte ou surprise est un viol. » Dans sa rédaction actuelle, l'article 332, devenu l'article 222-23 du Code pénal, ajoute un élément constitutif supplémentaire : la menace. En règle générale le viol est sanctionné d'une peine de quinze ans de réclusion criminelle. Lorsque la personne violée est âgée de moins de quinze ans la sanction encourue est de vingt ans de réclusion criminelle (222-24 CP).

Sont également visés les agissements qui, par définition, débordent du cadre de la vie privée, tels que la diffusion de messages à caractère pornographique et l'exhibition sexuelle.

L'ancien Code pénal réprimait l'outrage aux bonnes mœurs par voie d'affichage, d'impression, de film ou de presse. L'émergence de la télématique a favorisé le développement de messageries et de réseaux dont le contrôle est extrêmement difficile. Néanmoins le Code pénal actuel sanctionne de façon très générale, à la fois la diffusion d'images pornographiques *de* mineurs et la diffusion de tels messages *à* des mineurs. Son article 227-23 dispose, en effet, que : « Le fait, en vue de sa diffusion, de fixer, d'enregistrer ou de transmettre l'image d'un mineur lorsque cette image présente un caractère pornographique est puni d'un an d'emprisonnement et de 300 000 F d'amende. Le fait de diffuser une telle image, par quelque moyen que ce soit, est puni des mêmes peines. Les peines sont portées à trois ans et 500 000 F d'amende lorsqu'il s'agit d'un mineur de quinze ans. »

Cette infraction, qui n'existe que depuis le nouveau Code pénal – entré en vigueur le 1er mars 1994 – vise très clairement les réseaux de pédophiles, que la diffusion ait lieu dans un cadre privé ou public.

Par ailleurs l'article 227-24 réprime le fait de : « Fabriquer, transporter, diffuser par quelque moyen que ce soit et quel qu'en soit le support un message à caractère violent ou pornographique ou de nature à porter gravement atteinte à la dignité humaine, soit de faire commerce d'un tel message. » Ce comportement est puni d'une peine « de trois ans d'emprisonnement et 500 000 F d'amende lorsque ce message est susceptible d'être vu ou perçu par un mineur ».

Pour ne pas tomber sous le coup de la loi les responsables des réseaux télématiques doivent soit éviter que leur serveur ou leur réseau puissent être accessibles aux mineurs, soit contrôler le contenu des messages.

L'exhibition sexuelle est réprimée par l'article 222-32 du Code pénal lorsqu'elle est « imposée à la vue d'autrui dans un lieu accessible au regard du public ». L'accessibilité des lieux au public est donc une condition de l'infraction. Mais cette condition est source de difficultés qu'illustre une affaire jugée sous l'empire de l'ancien Code. En 1978, le tribunal correctionnel de Paris a eu à juger deux homosexuels pris en flagrant délit de relation sexuelle dans un sauna. L'argument principal de la défense consistait à dire que le sauna ne pouvait être qualifié de lieu public. Le tribunal a considéré que le sauna *en question* ne pouvait être regardé comme un lieu privé dès lors qu'il était accessible à n'importe quel public moyennant un droit d'entrée. En outre, les usagers n'étaient pas nécessairement désireux d'assister à un coït... La juridiction a condamné les deux homosexuels ainsi que le responsable de l'établissement sur le fondement de la complicité par fourniture de moyen[1].

Enfin, la dignité de la personne est protégée par les dispositions des lois sur la presse contre les révélations et les imputations d'ordre sexuel qui peuvent la blesser.

L'homosexuel/le comme tout citoyen bénéficie de la protection instaurée par la loi du 29 juillet 1881 lorsqu'il fait l'objet publiquement d'une diffamation, c'est-à-dire lorsqu'on lui impute « un fait précis qui porte atteinte à l'honneur ou à la considération », par exemple : « Cette gouine qui vole dans les caisses de la mairie », ou d'une injure, c'est-à-dire : « Toute expression outrageante, termes de mépris ou invective

1. M. Mariée, L'homosexualité, cause de répression pénale, *Les Petites Affiches,* 10 août 1994 p. 36 et s.

qui ne renferme l'imputation d'aucun fait » par exemple : « M. X... est un sale pédé. »

Sur le fondement de ce texte, celui ou celle qui est diffamé ou injurié peut poursuivre l'auteur de l'infraction. Il convient de préciser, qu'en première instance, la victime peut opter entre la voie civile (tribunal de grande instance) et la voie pénale (tribunal correctionnel). L'auteur de la diffamation ne sera pas sanctionné s'il rapporte la preuve de la vérité du fait diffamatoire (ex. : preuve du vol dans les caisses). En revanche l'auteur de l'injure ne peut offrir de rapporter la preuve de ce qu'il avance pour ne pas être condamné. L'auteur de la diffamation encourt une peine de six mois d'emprisonnement et/ou 80 000 F d'amende ainsi qu'une condamnation à des dommages-intérêts. L'auteur d'une injure encourt, outre la condamnation à des dommages-intérêts, une amende de 80 000 F et/ou deux mois d'emprisonnement[1].

En 1982, la cour d'appel de Paris a considéré qu'un journal sportif qui reproduit une petite annonce passée par un particulier en y ajoutant un commentaire selon lequel la partie civile aurait des mœurs homosexuelles, commet le délit de diffamation. La Cour a condamné le journaliste et le directeur de la publication à verser 24 000 F de dommages-intérêts à la partie civile[2]. En 1995, la même Cour a jugé que l'article consacré à une journaliste, critique littéraire, dans lequel lui était imputé le fait de privilégier une maison d'édition, en raison d'une relation homosexuelle avec l'un des cadres de celle-ci, était diffamatoire ; la Cour a condamné le journaliste et le directeur de la publication à verser 70 000 F de dommages-intérêts[3].

L'action en diffamation peut être rejetée pour des raisons de procédure. Une affaire qui a défrayé la

1. La diffamation et l'injure non publique sont des contraventions de 1re classe (articles R 621-1 et R 621-2 du Code pénal).
2. CA, Paris, 25 novembre 1982, jurisdata 027668.
3. CA, Paris, 18 octobre 1995, jurisdata 023627.

chronique, au début des années 1980, est, à ce titre, exemplaire *car elle illustre un cas particulier de propos diffamatoires qui peuvent rester impunis.* Les faits sont les suivants : un évêque avait déclaré publiquement : « Je respecte les homosexuels comme des infirmes mais s'ils veulent transformer leur infirmité en santé, je dois dire que je ne suis pas d'accord. » Des homosexuel/les et une association de défense des homosexuel/les l'ont poursuivi pour diffamation. Le tribunal correctionnel de Strasbourg puis la cour d'appel de Colmar ont déclaré la demande *irrecevable* ; la cour d'appel a, en outre, condamné les demandeurs, parties civiles, à verser des dommages-intérêts au prélat pour procédure abusive.

Il y a, en effet, diffamation lorsqu'on « porte atteinte à l'honneur ou à la considération *de la personne ou du corps auquel le fait (diffamatoire) est imputé ».* Pour être recevable, la plainte doit donc émaner de la *personne nommément visée ou d'un corps constitué* qui est diffamé. Le tribunal, puis la Cour, ont donc examiné si les homosexuel/les et l'association étaient nommément visés ou pouvaient être qualifiés de corps constitué.

Ils ne pouvaient répondre que par la négative. En effet, les propos de l'évêque, *par leur généralité*, ne permettent pas de dire *quelle est la personne nommément visée,* qui aurait intérêt à porter plainte. De même, les homosexuel/les dans leur ensemble ne *sont pas un corps constitué* juridiquement capable d'agir. C'est donc la mise en cause des homosexuel/les *d'une manière générale* qui a conduit les juges à déclarer la demande irrecevable[1].

Sur ce plan, l'arrêt est peu critiquable puisqu'il est conforme à une jurisprudence constante : ont été rejetées les actions émanant de francs-maçons, de prison-

1. CA, Colmar, 27 juin 1983, *Dalloz*, 1983, II, p. 550 note R. Koering-Joulin.

niers de guerre, de résistants et déportés, de femmes avocates qui ne sont pas des corps constitués. En revanche, la condamnation des parties civiles à verser des dommages-intérêts au prévenu pour procédure « abusive » est beaucoup plus discutable.

3. **Les questions particulières.** — L'homosexualité peut poser des problèmes spécifiques aux personnes qui se trouvent dans certaines situations particulières comme les détenus, mais également aux étrangers, tant au regard de la police administrative que de l'accès à la nationalité française ou à l'asile en France.

A) *La détention.* — En raison des conditions légales de détention – la mixité n'existant dans aucun établissement – les seules relations sexuelles concevables entre prisonniers sont, par la force des choses, homosexuelles.

Aucun texte législatif ou réglementaire n'interdit formellement les relations sexuelles en prison. Elles ne le sont que par le règlement de procédure disciplinaire de l'administration pénitentiaire et encore de manière détournée. Ce règlement sanctionne comme faute disciplinaire le fait d' « imposer à la vue d'autrui des actes obscènes ou susceptibles d'offenser la pudeur ». La peine prévue pour les majeurs peut atteindre trente jours de cellule de confinement. En dépit de ce règlement, les relations homosexuelles entre détenus sont une réalité bien connue et même implicitement admise par l'administration. En effet, les pouvoirs publics, notamment en raison de l'épidémie du SIDA, sur le fondement de l'article D 370 du Code de procédure pénale qui prévoit que « toutes mesures nécessaires en vue de prévenir ou de combattre les affections épidémiques ou contagieuses sont prises par l'administration en accord avec le médecin de la prison », ont accepté la mise à disposition de préservatifs aux détenus qui le demandent.

B) *L'entrée et le séjour de l'homosexuel/le étranger.* — L'homosexualité est un élément indifférent au regard des dispositions concernant la police administrative des étrangers définie par l'ordonnance du 2 novembre 1945 maintes fois modifiée, « relative aux conditions d'entrée et de séjour des étrangers en France ».

Par conséquent, le fait d'être homosexuel/le n'interdit pas – du moins officiellement – l'entrée sur le territoire français ; il ne fait pas davantage obstacle à l'octroi d'un titre de séjour. En revanche le couple homosexuel ne peut, en tant que tel, utiliser la procédure de regroupement familial car cette procédure suppose l'existence d'un mariage au sens du droit civil.

Ce sont surtout les mesures d'éloignement forcé – reconduite à la frontière de l'étranger en situation irrégulière ou expulsion de celui dont la présence menace l'ordre public même s'il est en situation régulière – qui peuvent susciter des drames liés, notamment, au SIDA dont les victimes sont souvent homosexuelles[1].

En pratique l'administration peut délivrer à l'étranger malade une autorisation provisoire de séjour renouvelable de trois mois en trois mois sur justification de l'état de santé[2] ; mais elle a aussi parfois reconduit des étrangers gravement malades dans des pays dépourvus de structures médicales adaptées et ce malgré la jurisprudence du Conseil d'État qui interdit cette pratique[3].

1. *Impact médecin hebdo,* Les dossiers du praticien : guide Sida, 1995, répartition des cas de Sida en France au 30 juin 1995, p. 16 : homosexuels ou bisexuels masculins : 46,5 % ; toxicomanes : 23,6 % ; homosexuels et toxicomanes : 1,4 % ; transfusés : 4,3 % ; hémophiles : 1,3 % ; hétérosexuels : 13,4 % ; soit 33 724 cas de SIDA déclarés dont 5 766 femmes. Total des cas estimé de 43 000 à 46 000.

2. Ces « APS » n'autorisent pas l'étranger à travailler ou à avoir accès aux prestations sociales.

3. CE, 29 juin 1990, Olmos Quintéro. Cette jurisprudence a été réaffirmée dans l'avis « Saint-Bernard » du Conseil d'État du 22 août 1996.

Plusieurs reconduites d'étrangers malades du SIDA ayant fait scandale, le législateur a modifié l'ordonnance de 1945 par une loi du 24 avril 1997. Cette loi introduit une disposition aux termes de laquelle l'administration ne pouvait reconduire dans son pays d'origine « l'étranger résidant de manière habituelle en France atteint d'une pathologie grave nécessitant un traitement médical dont le défaut pourrait entraîner pour lui des conséquences d'une exceptionnelle gravité, sous réserve qu'il ne puisse effectivement bénéficier d'un traitement approprié dans le pays de renvoi »[1].

Sur le fondement de ce texte, l'administration ne pouvait reconduire l'étranger à la frontière *mais elle n'avait aucunement l'obligation de délivrer à l'étranger malade un titre de séjour*. Or faute d'un tel titre, l'étranger n'a pas le droit de travailler et ne bénéficie pas des prestations sociales accordées uniquement aux étrangers en situation régulière. De même, il ne peut avoir accès gratuitement à certains soins qui ne sont pris intégralement en charge que lorsque l'étranger a un titre de séjour de plus de trois mois.

Cette situation a ému le gouvernement entré en fonction au mois de juin 1997 de sorte qu'une circulaire du ministre de l'Intérieur en date du 24 juin prévoyait le réexamen de la situation des étrangers malades afin de leur délivrer, si les conditions définies par la circulaire étaient réunies, une carte temporaire d'un an[2].

Depuis le 12 mai 1998, est entrée en vigueur la loi

1. Art. 25-8 de l'ord. de 1945 modifiée par la loi du 24 avril 1997.

2. La circulaire prévoyait que « Si le rapport du médecin inspecteur départemental de la Santé fait apparaître pour des étrangers dans une telle situation la nécessité d'un traitement de longue durée, vous délivrerez une carte de séjour temporaire, sauf en cas de menace pour l'ordre public. Celle-ci portera la mention "salarié" si l'étranger le demande et si le médecin inspecteur départemental de la Santé estime que l'état de santé de l'intéressé est compatible avec une activité professionnelle ».

dite Chevènement[1], qui modifie à nouveau l'ordonnance du 2 novembre 1945 et met fin à l'application de la circulaire[2]. La nouvelle loi prévoit l'attribution d'une carte de séjour temporaire donnant droit à l'exercice d'une activité professionnelle « à l'étranger résidant habituellement en France dont l'état de santé nécessite une prise en charge médicale dont le défaut pourrait entraîner pour lui des conséquences d'une exceptionnelle gravité, sous réserve qu'il ne puisse effectivement bénéficier d'un traitement approprié dans le pays dont il est originaire »[3]. Cette disposition, permet désormais à l'homosexuel/le étranger gravement malade d'obtenir un titre de séjour d'un an renouvelable, s'il remplit ces conditions.

C) *L'acquisition de la nationalité française.* — L'homosexualité d'un étranger ne saurait constituer, officiellement, un motif de rejet d'une demande de naturalisation. Il est même arrivé, au contraire, que le tribunal de grande instance de Paris tienne compte de liens homosexuels pour accéder à une demande de réintégration dans la nationalité[4]. M. F., de nationalité sénégalaise, avait souscrit une déclaration en vue de sa réintégration dans la nationalité française en sa qualité de ressortissant d'une ancienne colonie française. Le succès d'une telle démarche suppose que le domicile de l'intéressé soit français. Or le tribunal d'instance avait rejeté sa demande au motif que M. F. étant étudiant, on ne pouvait considérer qu'il avait fixé son domicile en France, car le domicile de nationalité s'entend d'une résidence stable et perma-

1. Loi n° 98-349 du 11 mai 1998.

2. La circulaire du 24 juin 1997 avait fixé au 31 octobre 1997 la date limite de dépôt des demandes de réexamen de situation. Toutefois, elle prévoyait que ses dispositions relatives aux malades étrangers s'appliqueraient jusqu'à l'entrée en vigueur de la nouvelle loi.

3. Art 12 *bis* 11e de l'ordonnance du 2 novembre 1945.

4. TGI, Paris, 27 mars 1997, décision inédite.

nente coïncidant avec le centre des attaches familiales et professionnelles.

M. F. ayant saisi le tribunal de grande instance de Paris, ce tribunal a jugé que « le statut d'étudiant qui est nécessairement précaire et temporaire ne présente pas un caractère de stabilité suffisant pour caractériser un domicile de nationalité ; mais attendu que M. F. exerce une activité professionnelle en France en qualité de chercheur à temps complet puis à temps partiel à (...), *que le centre de ses attaches tant professionnelle que sentimentale, jusqu'au décès de son compagnon, est fixé en France*, qu'il y a donc lieu de faire droit à sa demande ». Ainsi le tribunal a tenu compte de la vie commune de M. F. avec un homme, c'est-à-dire d'un concubinage homosexuel, pour considérer que le domicile de nationalité de M. F. se situait en France et, par voie de conséquence, pour établir son droit à réintégration dans la nationalité.

D) *Le statut de réfugié.* — Dans certains pays l'homosexualité peut mettre la personne en danger au point de l'obliger à s'expatrier. Cette personne peut alors tenter d'obtenir l'asile politique en France. Elle ne peut y parvenir – en principe – que si l'Office français de protection des réfugiés et apatrides (OFPRA) lui reconnaît la qualité de « réfugié » au sens de l'article 1er de la Convention de Genève du 28 juillet 1951[1].

Les décisions de l'OFPRA peuvent faire l'objet d'un recours devant la Commission des recours des réfugiés qui statue sous le contrôle du Conseil d'État. La pratique actuelle de l'OFPRA comme de la Commission des recours est extrêmement dissuasive[2].

1. La Convention de Genève du 28 juillet 1951 a été introduite en France par le décret 54-1055 du 14 octobre 1954 ; voir aussi l'art. 2, al. 2 de la loi du 25 juillet 1952 portant création de l'OFPRA.

2. En 1989, environ 61 000 demandes d'asile ont été effectuées pour environ 15 000 statuts reconnus. En 1995, les demandes ont été d'environ 20 000 et ont abouti à la reconnaissance de 4 742 statuts (cf. *Le Monde*, 19-20 janvier 1997). L'année 1996 a, quant à elle, enregistré

Dans ce contexte, le cas de M. V., militant homosexuel algérien, fait figure d'exception[1]. Fondateur d'un mouvement de lutte contre le Sida – « SOS tolérance » – M. V. était victime de persécutions (menaces de mort, etc.) exercées aussi bien par les autorités gouvernementales algériennes que par des groupes islamistes. Arrivé en France en septembre 1996, il dépose immédiatement une demande de statut de réfugié auprès de l'OFPRA. Trois mois plus tard, il obtient satisfaction.

Il est permis de penser, bien que l'OFPRA ne motive pas ses décisions d'admission, que ce n'est pas en tant qu'homosexuel persécuté, mais en qualité de militant persécuté pour ses opinions politiques, que cet Algérien s'est vu reconnaître la qualité de réfugié.

En effet, la jurisprudence de l'OFPRA et de la Commission des recours repose sur une interprétation très restrictive de l'article 1er de la Convention de Genève. D'après ce texte, la qualité de réfugié doit être reconnue à toute personne « craignant avec raison d'être persécutée du fait de sa race, de sa religion, de sa nationalité, de son appartenance à un certain groupe social ou de ses opinions politiques ». L'OFPRA et la Commission des recours estiment que les homosexuel/les persécutés en tant que tels ne répondent pas à cette définition car ils ne constituent pas « un certain groupe social ». Les demandes d'asile qu'ils forment sont donc en principe rejetées.

17 534 demandes ; le nombre des statuts accordés est de 3 854 (cf. rapport Weil, *Mission d'étude des législations de la nationalité et de l'immigration,* Paris, Documentation française, 1997 p. 52). En 1997, 4 112 statuts ont été reconnus (cf. *Le Monde* du 7 mai 1998). On précisera que, parmi les personnes qui obtiennent le statut de réfugié, figurent les enfants de certains ressortissants étrangers ayant le statut (ex. vietnamien) qui, lorsqu'ils deviennent majeurs, obtiennent *automatiquement* le statut de réfugié. Cela réduit d'autant le nombre de statuts accordés à ceux qui viennent de l'étranger.

1. En 1995, sur 2 208 Algériens ayant présenté une demande d'asile, 30 se sont vu reconnaître la qualité de réfugié. En 1997, les Algériens n'ont présenté que 102 dossiers.

Par exemple, en janvier 1997, la Commission des recours a rejeté la demande d'un Kazak au motif que les circonstances invoquées – homosexualité ayant entraîné : renvois du lycée, brimades, deux internements psychiatriques durant le service militaire et le licenciement des emplois successifs – « à les supposer établies *ne sont pas de nature à permettre de regarder le requérant comme entrant dans l'un des cas prévus par les stipulations précitées de la convention de Genève* »[1]. De la même manière, la Commission a, le 30 mai 1997, rejeté la demande de statut d'une jeune homosexuelle iranienne qui avait fui son pays où elle encourait la peine de mort, pour les mêmes raisons[2].

Le refus de l'OFPRA ou de la Commission des recours de considérer les homosexuel/les comme un groupe social est spécifique à la France. La Suède a décidé, en décembre 1996, que les personnes qui craignent d'être persécutées en raison de leur homosexualité sont protégées. De même, le Haut-Commissariat aux réfugiés de Londres reconnaît que *« les personnes risquant une peine de prison en raison de leur orientation sexuelle sont fondées de craindre des persécutions et peuvent donc être considérées comme éligibles au statut de réfugié sur la base de l'appartenance à un groupe social particulier »*[3]. Aux États-Unis, le BIA (Board of Immigration Appels) admet que les homosexuel/les sont un groupe social et de ce fait considère qu'ils sont susceptibles d'obtenir le statut de réfugié[4]. Enfin, la Section du Statut des réfugiés du Canada estime que les homosexuel/les *« sont un groupe défini par une caractéristique innée ou immuable qui constitue un groupe social »* et par, voie de conséquence, peu-

1. Décision inédite.
2. M. Oudin (France terre d'asile), « Homosexualité et droit d'asile », note remise au ministère de l'Intérieur, août 1997.
3. Rapport d'Amnesty International, *Breaking the silence*, 1997.
4. *International Journal of Refuge Law,* vol. 6, n° 3, 1994, p. 475.

vent bénéficier de la protection prévue par la Convention de Genève[1].

De surcroît l'OFPRA et la Commission des recours exigent pour reconnaître le statut que les persécutions émanent des autorités de l'État[2] : en 1996, la Commission a rejeté la demande d'un homosexuel colombien en indiquant : « (...) il ne ressort pas des pièces du dossier, ni des déclarations faites en séance publique devant la commission *que les agissements allégués aient été encouragés par les autorités publiques colombiennes ou seulement tolérés volontairement par lesdites autorités (...)* le recours ne peut être accueilli. »[3]

Cette exigence ne respecte pas la Convention de Genève. De plus elle est, *pour les Algériens*, en contradiction avec la recommandation du 23 janvier 1995 du Haut-Commissariat aux réfugiés qui indique clairement que « les demandeurs d'asile qui affirment de façon crédible être menacés par des militants de groupes islamistes devraient normalement obtenir le statut de réfugié ».

Incontestablement l'OFPRA et la Commission des recours ont une position très restrictive. Toutefois, une décision très récente du Conseil d'État vient peut-être d'ouvrir une brèche dans cette jurisprudence quasi monolithique. En effet, le Conseil d'État a annulé la décision de la Commission des recours qui avait refusé le statut de réfugié à un transsexuel algérien. Le Conseil d'État a estimé que la Commission aurait dû « rechercher si les éléments qui lui étaient soumis sur la situation des transsexuels algé-

1. Décision du 24 avril 1996, cf. revue *Reflex* du 25 novembre 1996, p. 8.

2. Arrêt de principe du Conseil d'État dit Dankha du 27 mai 1983 aux termes duquel cette juridiction considère que les persécutions qui émanent de particuliers ou de groupes de particuliers ne peuvent ouvrir droit au statut que lorsqu'elles sont tolérées ou encouragées par les autorités publiques de l'État dont le demandeur est ressortissant.

3. Décision inédite.

riens permettaient de regarder ces derniers comme constituant un groupe dont les membres seraient, en raison des caractéristiques qui les définissent aux yeux des autorités et de la société algérienne, susceptibles d'être exposés à des persécutions »[1]. Cette motivation pose les premières bases d'une définition du groupe social qui pourrait être appliquée aux homosexuel/les.

L'homosexuel/le étranger qui craint pour sa vie, en raison de son homosexualité, mais qui ne se voit pas reconnaître le statut de réfugié, *n'a aucun droit au séjour en France.* Il peut néanmoins demander à l'administration un titre de séjour temporaire : l'administration dispose d'un pouvoir discrétionnaire pour délivrer, *à titre exceptionnel,* le titre de séjour sollicité, compte tenu des risques encourus[2]. L'administration peut aussi accorder « l'asile dit territorial » qui est fondé sur le Préambule de la Constitution. Il est ouvert à l'étranger qui a œuvré pour la défense des libertés. La demande doit être adressée au ministère de l'Intérieur qui est seul compétent pour accorder ou refuser ce statut. Mais il ne faut pas se leurrer, la

1. CE, Ourbih, 23 juin 1997, req. 171858, voir aussi *Dictionnaire permanent droit des étrangers,* bull. 34, p. 9181, n° 94. Le dossier a été renvoyé devant la CRR qui a rendu sa décision le 15 mai 1998. La CRR a suivi son rapporteur, Mme Laurent-Atthalin qui avait conclu en faveur de la reconnaissance de la qualité de réfugié en considérant que les transsexuels algériens constitueraient un groupe social pouvant bénéficier de la protection de la Convention de Genève. Cette décision de la CRR est importante car elle pourrait permettre de considérer que les homosexuel/les constituent aussi un groupe social.

2. L'avis du Conseil d'État du 22 août 1996 indique très clairement qu'il n'existe pas de règles interdisant à l'administration de délivrer un titre de séjour en dehors des cas prévus par l'ordonnance du 2 novembre 1945. Il appartient à l'administration d'apprécier la situation de l'étranger.

La circulaire du 24 juin 1997 prévoyait pour les personnes n'ayant pas obtenu le statut de réfugié et qui pourraient courir des risques vitaux en cas de retour dans leur pays d'origine un réexamen de leur situation. L'administration saisie d'une telle demande pouvait consulter la Direction des libertés publiques, qui dépend du ministère de l'Intérieur, pour arrêter sa décision.

reconnaissance de l'asile territorial est assez exceptionnelle et reste soumise au pouvoir discrétionnaire de l'administration[1].

II. — Dans l'ordre européen

La vie privée et sentimentale fait l'objet d'un droit, d'une liberté fondamentale, que la Convention européenne des droits de l'homme (CEDH) garantit contre les ingérences de l'autorité publique lorsque ces ingérences ne remplissent pas un certain nombre de conditions.

L'article 8 de la CEDH dispose que :

« 1 – Toute personne a droit au respect de sa vie privée et familiale, de son domicile et de sa correspondance.

« 2 – Il ne peut y avoir ingérence d'une autorité publique dans l'exercice de ce droit que pour autant que cette ingérence est prévue par la loi et qu'elle constitue une mesure qui dans une société démocratique est nécessaire à la sécurité nationale, à la sûreté publique, au bien-être économique du pays, à la défense de l'ordre et à la prévention des infractions pénales, à la protection de la santé ou de la morale ou à la protection des droits et libertés d'autrui. »[2]

Les homosexuel/les victimes de mesures législatives ou de pratiques administratives visant leurs mœurs

1. La loi Chevènement du 11 mai 1998 introduit la possibilité pour l'OFPRA et la Commission des recours de reconnaître la qualité de réfugié « à toute personne persécutée en raison de son action en faveur de la liberté ». La loi prévoit par ailleurs que l'OFPRA et la Commission des recours peuvent saisir « le ministère de l'Intérieur du cas de toute personne à laquelle la qualité de réfugié n'a pas été reconnue mais dont ils estiment qu'elle relève de l'asile territorial ».

2. Par ailleurs, on notera que l'article 14 de la CEDH prévoit que : « La jouissance des droits et libertés reconnus par la présente convention doit être assurée sans distinction aucune, fondée notamment sur le sexe, la race, la couleur, la langue, la religion, les opinions politiques ou toutes autres opinions, l'origine nationale ou sociale, l'appartenance à une minorité nationale, la fortune, la naissance ou toute autre situation. »

peuvent donc se prévaloir de l'article 8 devant les juridictions nationales. Puis, après avoir épuisé les voies de recours internes, ils peuvent saisir la Commission européenne des droits de l'homme et le cas échéant la Cour européenne qui tranchera[1].

Le principe de la protection de la vie privée des homosexuel/les n'a pas été admis facilement par les instances européennes ; cette protection comporte d'ailleurs des limites.

1. **Le principe de la protection de la vie privée des homosexuel/les.** — Dans les années 1960, la Commission européenne des droits de l'homme a déclaré irrecevables toutes les requêtes déposées par des homosexuel/les qui se plaignaient de dispositions nationales incompatibles, selon eux, avec l'article 8 de la CEDH[2]. Ce n'est qu'à la fin des années 1970 que la Commission a modifié sa position ; la Cour européenne a pu, à partir de cette période, admettre que l'homosexualité constituait un élément de la vie privée qui méritait protection[3].

L'affaire Dudgeon marque le changement de jurisprudence. Le 22 mai 1976, Jeffrey Dudgeon, homosexuel d'Irlande du Nord, a introduit une requête devant la Commission. En effet, la législation de l'Ulster (lois de 1861 et de 1885) incriminait les actes homosexuels de sodomie et d'indécence grave, accom-

1. Pour un compte rendu très complet de la position des organes du Conseil de l'Europe, voir C. Meyer, L'homosexualité dans la jurisprudence de la Cour et de la Commission européenne des droits de l'homme, et R. Wintemute, Libertés et droits fondamentaux des gais et des lesbiennes et des bisexuels en Europe, dans *Homosexualités et droit*, Paris, PUF, Les voies du droit, mai 1998 ; D. Borillo, Statut juridique de l'homosexualité et droit de l'homme, *Cahier Gai Kitsch Camp*, n° 28, p. 99.

2. E. Spiry, Homosexualité et droit international des droits de l'homme, vers une nouvelle donne en Europe, *Revue internationale des droits de l'homme*, 1996, p. 45.

3. J. Robert, *Droits de l'homme et libertés fondamentales*, Montchrétien, 1996, 6e éd., p. 361 et s.

plis en public ou en privé par deux adultes consentants, de plus de 21 ans. M. Dudgeon soutenait que ces lois constituaient une atteinte injustifiée à son droit au respect de la vie privée.

La Cour s'est prononcée le 22 octobre 1981. Elle a admis que la législation nord-irlandaise constituait une *ingérence permanente dans la vie privée du requérant* car la notion de vie privée recouvre nécessairement la vie sexuelle de chacun. La Cour a rejeté la position du gouvernement britannique qui soutenait que cette ingérence était justifiée par des impératifs de protection de la morale et des droits et libertés d'autrui. La Cour a relevé que cette ingérence n'était pas nécessaire dans une société démocratique et noté qu'il n'existait aucun besoin social impérieux d'ériger les actes homosexuels en infraction pénale. Elle a relevé, à cet égard, que les autorités d'Irlande du Nord avaient évité d'engager des poursuites pour des actes homosexuels commis par des hommes de plus de 21 ans. La Cour a donc estimé que l'ingérence, qui peut parfois être légitime, *était en l'espèce disproportionnée par rapport au but poursuivi.* Elle a donc conclu à la violation par le Royaume-Uni de l'article 8 de la CEDH[1].

Cette jurisprudence est désormais constante. Elle a été confirmée en 1988 dans un arrêt Norris qui mettait en cause la législation de la République d'Irlande[2]. Elle a encore été réaffirmée dans un arrêt du 22 avril 1993 Modinos c/ Chypre[3].

L'arrêt Dudgeon et l'arrêt Norris ont conduit respectivement le Royaume-Uni et la République d'Irlande à modifier leur législation. En revanche, à ce jour, la législation chypriote est toujours en vigueur. Un projet de modification de la loi a été

1. Dudgeon c/ RU, 22 octobre 1981, série A, n° 45.
2. Norris c/ Irlande, 26 octobre 1988, série A, n° 142.
3. Modinos c/ Chypre, 22 avril 1993, série A, n° 449 ; *La Gazette du Palais*, 1994, II, p. 473.

déposé devant l'instance législative mais il n'est pas inscrit à l'ordre du jour.

2. **Les limites à la protection de la vie privée des homosexuel/les.** — Si le principe du droit au respect de la vie privée de l'homosexuel/le est consacré, la Commission et la Cour ont cependant admis, conformément aux dispositions de l'alinéa 2 de l'article 8 de la CEDH, que les autorités nationales pouvaient, à certaines conditions, restreindre l'exercice de ce droit.

A) *Les législations nationales traitant différemment les hommes et les femmes homosexuel/les.* — La Commission a considéré, en 1978, qu'une législation introduisant une différence de traitement pénal entre homme et femme homosexuel/le était compatible avec la CEDH[1]. On peut néanmoins penser qu'une telle position ne serait pas nécessairement reprise aujourd'hui dans la mesure où les discriminations fondées sur le sexe ou les mœurs sexuelles sont plus difficilement acceptées dans l'opinion publique européenne. A cet égard on notera que le nouveau traité de l'Union européenne adopté le 2 octobre 1997, mais non encore ratifié par les différents États membres, prévoit à l'article 13 que les États membres pourront à l'unanimité prendre toutes mesures nécessaires pour combattre les discriminations fondées sur l'orientation sexuelle.

B) *Les actes homosexuels commis entre militaires.* — Les États membres peuvent réprimer les actes homosexuels commis entre militaires, même en privé. La Commission considère qu'une telle répression constitue une ingérence dans la vie privée mais qu'elle est « nécessaire à la protection de la morale et de la défense de l'ordre ». Elle estime, de la même manière,

1. Req. 7215/75 X c/ Royaume-Uni, rapport du 12 octobre 1978, DR 4, p. 36 et DR 9, p. 66.

que le fait d'incriminer les actes homosexuels accomplis entre militaires, alors qu'ils ne le sont pas lorsqu'ils sont accomplis par des civils, n'est pas une discrimination contraire aux articles 8 et 14 de la CEDH[1].

C) *L'âge du consentement aux relations sexuelles.* — Les États membres ont une marge d'appréciation pour fixer l'âge du consentement aux relations homosexuelles. La Commission a longtemps considéré qu'*une différence entre l'âge légal* du consentement à des relations hétérosexuelles ou à des relations homosexuelles *pouvait être admise*[2].

Elle vient de modifier sa position, dans une affaire opposant un ressortissant britannique au Royaume-Uni. M. S... se plaint de ne pouvoir vivre son homosexualité avant l'âge de 18 ans, sauf à encourir une sanction pénale, puisque la législation anglaise opère une distinction entre les homosexuel/les et les hétérosexuel/les quant à l'âge à partir duquel les relations sexuelles sont autorisées (16 ans pour les pratiques hétérosexuelles et 18 ans pour les pratiques homosexuelles). La Commission a, dans un premier temps, déclaré la requête recevable en estimant que cette question était sérieuse au regard des articles 8 et 14 de la Convention[3]. Dans un second temps, le 1er juillet 1997, la Commission a, aux termes d'un rapport très complet et très argumenté, estimé qu'il n'y avait ni raisons objectives ni justifications raisonnables pour maintenir un âge minimum aux relations homosexuelles supérieur à celui fixé pour les relations hétérosexuelles. En conséquence, elle a considéré que la législation du Royaume-Uni, qui institue cette différence de traitement, viole le droit à la vie privée du

1. Req. 9237/81, décision du 12 octobre 1983, DR 34, p. 68.
2. Req. 17279/90, décision du 13 mai 1992, Z c/ Autriche, non publiée ; req. 22646/93, décision du 26 juin 1995, H. F. c/ Autriche, non publiée.
3. Req. n° 25186/94 Sutherland c/ RU.

requérant tel que protégé par l'article 8. La Cour est désormais saisie de cette affaire et rendra son arrêt prochainement.

La décision que rendra la Cour aura vraisemblablement des répercussions sur la législation des pays du Conseil de l'Europe qui actuellement instaurent un âge différent selon l'orientation sexuelle[1].

D) *Les pratiques sadomasochistes.* — Dans un arrêt en date du 19 février 1997, la Cour européenne vient de se prononcer sur la répression de pratiques sadomasochistes dans une affaire où les protagonistes étaient homosexuels[2].

Les faits sont les suivants : la police britannique a saisi en 1987 plusieurs vidéocassettes d'enregistrement de réunions privées à caractère sadomasochiste impliquant MM. Laskey, Jaggard et Brown ainsi que 44 autres homosexuels. MM. Laskey, Jaggard et Brown furent poursuivis sur le fondement de l'Offences Against the Persons Act de 1861 réprimant les coups et blessures.

Il n'était pas contesté que les sévices enregistrés sur les cassettes avaient été librement consentis entre adultes et menés en privé ; ils n'avaient causé aucune lésion ni nécessité l'intervention d'aucun médecin ; enfin les cassettes n'avaient été diffusées que dans le cercle des seuls participants. Ces personnes n'en furent pas moins condamnées en première instance et en appel. Un pourvoi devant la Chambre des Lords fut déposé et rejeté.

1. Rapport de la Commission du 1er juillet 1997 ; actuellement plusieurs pays membres du Conseil de l'Europe instaurent un âge aux consentements différents en fonction de l'orientation sexuelle : par exemple l'Autriche : 14/18 ou la Grèce : 15/17 ; La décision de la Commission et la saisine de la Cour ont conduit le Premier ministre du Royaume-Uni, Tony Blair, à annoncer l'unicité de l'âge du consentement aux relations sexuelles (*Libération* du 8 octobre 1997).

2. Laskey, Jaggard et Brown c/ RU, 19 février 1997 (109/1995/615/703-705) ; Dalloz, 1998, II, p. 97 et s., note J.-M. Larralde.

MM. Laskey, Jaggard et Brown saisirent la Commission européenne en soutenant que l'Offences Against the Persons Act de 1861 constituait une violation de l'article 8 de la CEDH. Ils exposaient que les pratiques sadomasochistes sont une expression de la sexualité qui relève de la vie privée et non de violence ; mais surtout ils prétendaient avoir fait l'objet d'un traitement discriminatoire en tant qu'homosexuels. En effet, ils indiquaient avoir été condamnés pour des pratiques admises – selon eux – par la jurisprudence britannique entre hétérosexuels. Ils invoquaient sur ce point une affaire Wilson dans laquelle des sévices consentis entre époux avaient été jugés insusceptibles de poursuites pénales[1].

La Cour, après la Commission, a jugé que la loi britannique constituait une ingérence dans la vie privée des plaignants ; mais qu'il s'agissait d'une ingérence justifiée. La Cour rappelle d'abord que pour les juges de première instance « l'homosexualité des prévenus constitue seulement la toile de fond de l'affaire ». Elle ajoute : « Il ressort clairement de l'arrêt de la Chambre des Lords que l'avis de la majorité de ses membres tenait au caractère extrême des pratiques en cause et non aux tendances sexuelles des requérants » et affirme que « les circonstances de l'affaire Wilson ne sont nullement comparables en gravité à celle de l'espèce ». Elle en conclut à l'absence de violation de l'article 8.

1. Dans cette affaire une femme avait demandé à son époux de lui marquer les fesses au fer rouge, ce qu'il fit. Le mari poursuivi pour coups et blessures a été déclaré coupable en première instance et condamné. Il a fait appel et la Cour par la voix de l'un de ses membres avait conclu : « Mme W... a non seulement consenti aux actes commis par l'appelant, mais elle en a été l'instigatrice. L'appelant n'avait aucune intention agressive. Nous ne pensons pas être en droit de supposer que les pratiques de l'appelant et de sa femme étaient en quelque façon plus dangereuses ou douloureuses que le tatouage... *Les pratiques suivies en privé au domicile conjugal, de leur plein gré, par mari et femme ne constituent pas selon nous matière à enquête pénale et encore moins à poursuites pénales* » (*Weekly Law report,* 1996, vol. 3, p. 125).

Les justifications et les précautions prises par la Cour ne permettent pas, néanmoins, de répondre à la question suivante : comment justifier qu'une pratique sexuelle, *relevant de l'intimité de chacun*, puisse faire l'objet d'un contrôle et d'une sanction de l'État, alors que, par exemple, l'exercice consenti d'un sport violent échappe à toute qualification pénale ? En d'autres termes, jusqu'où la loi peut-elle, doit-elle réglementer le désir ?

Dans l'avenir, peut-on estimer que des pratiques sadomasochistes « non extrêmes » au sein d'un groupe d'homosexuel/les restreint – par exemple, un couple, comme dans l'affaire Wilson – échapperaient à l'ingérence de l'autorité publique ? Seules les prochaines affaires qui seront examinées par la Cour permettront peut-être de répondre à ces questions.

Chapitre II

LES RELATIONS DE L'HOMOSEXUEL/LE ET DES TIERS

Les relations qu'un/e homosexuel/le établit ou tente d'établir avec des personnes hétérosexuelles peuvent être perturbées en raison de la différence d'orientation sexuelle. En pratique, les difficultés d'ordre juridique surgissent principalement dans un cadre familial et dans les rapports de travail.

I. — Les relations d'ordre familial

Certaines personnes se marient en dépit de leur homosexualité qu'elles « découvrent » durant la vie maritale. Il en résulte souvent – mais non fatalement – une rupture du lien matrimonial. Un divorce peut être prononcé par le juge qui doit parallèlement régler les conséquences de cette séparation. Par ailleurs, l'homosexualité n'implique nullement la renonciation à toute forme de descendance. Au contraire, nombre d'homosexuel/les désirent établir des liens de filiation en dehors du mariage, ce qui ne va pas toujours de soi.

1. **La rupture des liens matrimoniaux et ses conséquences.** — L'homosexualité peut intervenir à deux titres dans la rupture des liens matrimoniaux : elle peut être une cause de divorce. Il peut aussi en être

tenu compte dans l'aménagement des conséquences du divorce[1].

A) *L'homosexualité, cause de rupture du lien marital.* — Même lorsqu'elle est, en fait, la cause du divorce, l'homosexualité d'un des époux n'est pas nécessairement révélée par la procédure. C'est ainsi qu'elle n'est jamais relevée par le juge en cas de divorce par « consentement mutuel » (art. 230, C. civ.) ou de divorce pour « rupture prolongée de la vie commune » (art. 237, C. civ.) dans la mesure où ces circonstances suffisent à fonder le divorce. Elle peut l'être, en revanche, lorsque la demande formée par l'un des époux est acceptée par l'autre, car le demandeur doit faire état « d'un ensemble de faits procédant de l'un ou de l'autre qui rendent intolérable le maintien de la vie commune » (art. 233, C. civ.). Mais c'est, surtout, en cas de « violation grave ou renouvelée des devoirs et obligations du mariage » (art. 242, C. civ.) que l'homosexualité d'un des époux est – éventuellement – évoquée : elle est alors toujours présentée comme une faute reprochée à l'homosexuel/le ; faute dont le conjoint se prévaut pour tenter d'obtenir le divorce à son profit.

Il n'est pas inintéressant d'observer que les tribunaux n'ont jamais assimilé la relation homosexuelle à l'adultère. En effet, avant la réforme de 1975, le juge était tenu de prononcer le divorce en cas d'adultère car il s'agissait alors d'une cause péremptoire. Pourtant, considérant implicitement que l'adultère ne peut se commettre qu'entre personnes de sexes différents, les juges qualifiaient les relations homosexuelles d' « injures graves », ce qui était une cause de divorce facultative. Leur appréciation de ce comportement n'en était pas moins extrêmement sévère. En 1972 le

1. J.-M. Florand, Les conséquences de l'homosexualité en matière de divorce et d'attribution de l'autorité parentale, *Les Petites Affiches*, 10 août 1994, p. 17 et s.

tribunal de grande instance d'Aix a, ainsi, considéré que « l'adultère étant une cause péremptoire de divorce les relations homosexuelles sont *a fortiori* une cause de divorce »[1].

Le problème ne se pose plus depuis l'entrée en vigueur de la loi du 11 juillet 1975, qui a supprimé les causes péremptoires de divorce. A de rares exceptions près, l'appréciation des tribunaux est devenue plus neutre ; une relation extra-conjugale homosexuelle constitue une faute, comme une relation extra-conjugale hétérosexuelle : elle est cause de divorce dès lors qu'elle rend intolérable le maintien de la vie commune. C'est ainsi que la liaison homosexuelle d'un des époux, sans faute de l'autre, entraînera le prononcé du divorce aux torts exclusifs de l'homosexuel/le[2]. Parfois, les juges estiment que l'homosexualité d'un des époux rend excusable l'adultère de l'autre et prononcent un divorce aux torts partagés[3].

S'il ne fait pas de doute que l'homosexualité consommée dans le cadre du mariage peut entraîner la dissolution du lien matrimonial, on peut se demander si une relation homosexuelle antérieure au mariage, et non révélée au conjoint peut entraîner la rupture du lien marital.

Répondre par l'affirmative reviendrait à imposer à chaque conjoint une obligation de confession générale de son passé et ferait remonter l'obligation de fidélité à une période antérieure au mariage, ce qui d'un point de vue juridique n'est pas justifié. Néanmoins, comme pour l'impuissance non dévoilée avant le mariage, certaines juridictions ont considéré que le

1. TGI, Aix-en-Provence, 9 novembre 1972, *La Gazette du Palais*, 1973, I, 156.
2. CA, Nîmes, 27 mars 1996, jurisdata 030214.
3. CA, Paris, 2 décembre 1980, edi data 1161 ; CA, Paris, 21 novembre 1989, jurisdata 027148 ; CA, Aix-en-Provence, 7 mars 1995, jurisdata 049547.

fait d'avoir caché des relations homosexuelles antérieures au mariage constituait une violation de l'obligation de loyauté à l'égard du conjoint et était, par voie de conséquence, une faute justifiant la rupture du lien matrimonial. Cette jurisprudence est sévère car la relation homosexuelle antérieure au mariage, et qui a pris fin, n'a pas les mêmes effets que l'impuissance qui, elle, peut perdurer durant le mariage. Le seul fait d'avoir eu des relations homosexuelles avant le mariage ne devrait pas permettre la rupture du lien matrimonial sauf comportement particulièrement grave (par exemple la prostitution ; encore convient-il vraiment d'apprécier chaque dossier au cas par cas) rendant intolérable le maintien de la vie commune.

Si l'homosexualité consommée pendant le mariage et parfois antérieurement au mariage peut justifier sa dissolution, le simple fait d'être ou de se dire homosexuel/le alors que l'on est marié peut-il constituer une faute conduisant au divorce ? En d'autres termes, peut-il y avoir un adultère homosexuel sans relations sexuelles ?

Sur le plan religieux le fantasme peut être un péché mortel, mais les juridictions lorsqu'elles sont saisies d'une telle question examinent des faits tangibles. Ainsi la Cour de cassation dans un arrêt déjà ancien (19 juillet 1909) a estimé que la tendresse d'un mari pour un autre homme était une offense qui justifiait le divorce. La même Cour a jugé, le 17 avril 1975, que « l'attachement excessif et accaparant de l'épouse pour une personne étrangère » est aussi une offense, qui justifie le divorce[1]. C'est donc à travers ses effets – tendresse excessive pour un tiers – que l'homosexualité latente peut constituer une cause de divorce.

1. J.-P. Branlard, *Le sexe et l'état des personnes,* Paris, LGDJ, 1993, p. 386, n° 1112.

Dans tous les cas, il faudra rapporter la preuve de l'homosexualité[1]. Cette preuve peut être faite par tous moyens : témoignages, aveux, constat d'huissier sur autorisation du président du tribunal de grande instance (ces derniers sont de plus en plus fréquents). Toutefois, les procédés qui portent atteinte à l'intimité de la vie privée – enregistrement audio, vidéo, à l'insu de la personne et dont l'usage constitue une infraction pénale – sont irrecevables.

B) *Les conséquences du divorce.* — Une fois le principe du divorce acquis, le juge doit en organiser les conséquences tant à l'égard des enfants que des époux.

L'homosexualité n'a guère d'incidence particulière en ce qui concerne les époux. Tout au plus signalera-t-on le problème que pose la pension alimentaire prévue par l'article 282 du Code civil au profit de l'époux à qui est imposé le divorce pour rupture de la vie commune. Cette pension cesse d'être due lorsque le créancier se remarie ou « vit en état de concubinage notoire » (art. 283, al. 2). Logiquement le concubinage homosexuel n'ayant pas été reconnu par le législateur et les juridictions (v. *infra*, chap. III), le versement de cette pension ne devrait pas cesser lorsque son ou sa bénéficiaire vit avec une personne du même sexe. Ce problème ne se pose pas en matière de prestation compensatoire[2] : celle-ci

1. CA, Rennes, 2 juillet 1992, jurisdata 047825 ; rejet de la demande de la mère tendant à obtenir l'exercice exclusif de l'autorité parentale dès lors qu'elle ne rapporte pas le moindre commencement de preuve de l'homosexualité du père.

2 Le divorce peut entraîner une disparité entre le niveau de vie qui a existé durant le mariage et celui qui existera après le mariage. Cette disparité peut être compensée par l'allocation d'une prestation compensatoire qui peut être versée sous forme de capital ou d'une rente, par l'un des époux à l'autre. L'évaluation de cette prestation compensatoire s'effectue en fonction des ressources et des besoins de chacun des époux. Elle est forfaitaire et en principe non révisable.

Par ailleurs en ce qui concerne le versement de dommages-intérêts, l'article 266 du Code civil dispose que : « Lorsque le divorce est pron'est affectée ni par le remariage, ni par le concubinage du créancier.

L'homosexualité, en revanche, n'est pas un élément totalement neutre en matière d'exercice de l'autorité parentale, de fixation de la résidence des enfants communs et du droit de visite et d'hébergement reconnu à celui des parents chez qui les enfants ne résident pas. Les données juridiques du problème sont complexes. D'une part, l'assemblée parlementaire du Conseil de l'Europe a, le 1er octobre 1981, recommandé que « la garde, le droit de visite et l'hébergement des enfants par leurs parents ne soient pas limités pour la seule raison du penchant homosexuel de l'un d'entre eux »[1]. D'autre part, l'article 287 du Code civil dispose que : « Selon l'intérêt des enfants mineurs, l'autorité parentale est exercée soit en commun par les deux parents après que le juge ait recueilli leur avis, soit par l'un d'eux. En cas d'exercice en commun de l'autorité parentale, le juge indique le parent chez lequel les enfants ont leur résidence. » L'article 288 précise que : « le parent qui n'a pas l'exercice de l'autorité parentale conserve le droit de surveiller l'entretien et l'éducation des enfants (...) un droit de visite et d'hébergement ne peut lui être refusé que pour des motifs graves. »

C'est dans ce cadre qu'il convient de voir comment le juge français tient compte de l'homosexualité d'un des parents pour définir la résidence des enfants et organiser le droit de visite et d'hébergement.

Le principe est que seul doit être pris en compte l'intérêt de l'enfant que le juge apprécie souveraine-

noncé aux torts exclusifs de l'un des époux, celui-ci peut être condamné à des dommages et intérêts en réparation du préjudice matériel ou moral que la dissolution du mariage fait subir à son conjoint. » La liaison homosexuelle extra-conjugale tout comme la liaison hétérosexuelle extra-conjugale peut entraîner un divorce aux torts exclusifs avec les conséquences prévues par l'article 226 du Code civil.

1. On se reportera aussi aux articles 8 et 9 de la Convention de New York du 26 janvier 1990 entrée en vigueur le 6 septembre 1990.

ment. Il peut être aidé par une enquête sociale et par l'audition de l'enfant, dès lors que celui-ci est capable de discernement et à même de formuler un souhait. L'examen de la jurisprudence montre qu'il n'est pas rare que le juge considère que l'homosexuel/le serait un mauvais père ou une mauvaise mère. Si le critère avancé, pour refuser la « garde » au parent homosexuel/le, est l'intérêt de l'enfant, il n'en demeure pas moins qu'implicitement ce refus traduit parfois, en réalité, une sanction de l'homosexualité.

A titre d'exemple, le 16 mars 1984, la cour d'appel de Paris, après avoir déclaré que l'homosexualité de la mère ne cohabitant pas avec son amie était un élément inopérant au regard de la fixation de la résidence de l'enfant, a retenu que le père vivant en concubinage avec une jeune femme faisant l'objet de bons renseignements, offrait un foyer « présentant un plus grand facteur d'équilibre que le pseudo-foyer de la mère avec la présence intermittente de son amie ». La cour a conclu qu'il était nécessaire « d'attribuer la garde de l'un des enfants au père pour des raisons psychologiques » ainsi que celle des autres enfants pour préserver l'unité familiale[1].

Dans un esprit légèrement différent, la cour d'appel de Grenoble a, le 20 juillet 1988, attribué l'exercice de l'autorité parentale au père, au motif que la mère entretenait une relation homosexuelle à son domicile, ce qui avait entraîné une perturbation psychologique de l'enfant[2]. De même, la cour d'appel de Rennes a, le 27 septembre 1989, refusé d'attribuer l'exercice de l'autorité parentale ainsi qu'un droit d'hébergement au père, au motif qu'il avait suivi plusieurs traitements psychiatriques et que ses mœurs homosexuelles étaient contraires à l'intérêt de l'enfant[3].

1. CA, Paris, 16 mars 1984, jurisdata 022604.
2. CA, Grenoble, 20 juillet 1988, jurisdata 044724.
3. CA, Rennes, 27 septembre 1989, jurisdata 048660.

La cour d'appel de Paris a, quant à elle, le 16 septembre 1991, attribué l'exercice de l'autorité parentale à la mère, compte tenu du traumatisme subi par les enfants du fait du comportement du père violent et homosexuel[1]. Le 31 mars 1993, la cour d'appel de Bordeaux a refusé un exercice commun de l'autorité parentale parce que le mari avait abandonné le domicile conjugal et entretenait une relation homosexuelle notoire[2].

Toutefois dans d'autres espèces, les cours d'appel admettent que l'exercice de l'autorité parentale et la résidence peuvent être attribués au parent homosexuel. Ainsi la cour d'appel de Paris, le 8 novembre 1984, a attribué à la mère la garde de l'enfant, après avoir constaté que l'homosexualité de cette femme, vivant en concubinage avec une autre femme, était un élément inopérant ; qu'il n'existait aucun danger pour l'enfant puisque l'attitude de l'amie de la mère était sans équivoque à son égard[3].

En 1989, la cour d'appel de Douai a confirmé la décision qui avait accordé un droit de visite au père homosexuel et séropositif, en tenant compte, notamment, de l'amour qu'il porte à ses enfants. La cour a néanmoins limité le droit d'hébergement[4].

De même, le 25 avril 1991, la cour d'appel de Pau a admis que l'autorité parentale pouvait être attribuée au père homosexuel vivant en couple stable avec un autre homme, l'enquête sociale ayant établi l'épanouissement de l'enfant auprès de son père et aucun élément ne permettant d'affirmer qu'il existerait un danger physique ou moral chez ce dernier alors qu'il était avéré que l'enfant était beaucoup plus perturbé dans le foyer de la mère vivant en concubinage avec un homme[5].

1. CA, Paris, 16 septembre 1991, jurisdata 023123.
2. CA, Bordeaux, 31 mars 1993, jurisdata 040635.
3. CA, Paris, 8 novembre 1984, jurisdata 027450.
4. CA, Douai, 1er décembre 1989, jurisdata 052152.
5. CA, Pau, 25 avril 1991, jurisdata 040734.

Le 24 septembre 1992, la cour d'appel de Nîmes a considéré qu'une mère homosexuelle, vivant avec une jeune femme, pouvait exercer l'autorité parentale sur l'enfant dès lors qu'il était avéré qu'il s'épanouissait dans ce foyer et qu'aucun élément ne permettait d'affirmer qu'il était perturbé[1]. Cela n'avait pas empêché la même cour d'appel, deux mois plus tôt, de refuser qu'une mère homosexuelle, vivant en couple avec une autre femme, puisse avoir la résidence des enfants, dès lors que le père, vivant en concubinage avec une femme, offrait des garanties de stabilité morales et matérielles satisfaisantes[2].

La cour d'appel de Douai, le 21 octobre 1993, a accepté, après audition de l'enfant de 15 ans, qu'il réside chez son père homosexuel vivant avec un ami[3]. La cour d'appel d'Angers a considéré, le 25 juillet 1995, que l'autorité parentale serait exercée en commun avec fixation de la résidence habituelle des enfants chez la mère, même si la liaison homosexuelle de la mère est de « nature à susciter des interrogations chez les enfants mais ne représentant pas un danger pour leur développement psychoaffectif »[4].

Le même jour, la cour d'appel de Metz a estimé que l'homosexualité du père ne saurait suffire à le priver d'un droit de visite et d'hébergement[5]. Récemment encore, la cour d'appel d'Angers a considéré que « la confrontation de l'enfant au couple homosexuel formé par sa mère est inévitable, que l'enfant soit confié à la mère ou au père. Dès lors, étant donné la prise en charge de l'enfant par sa mère dès sa naissance dans de bonnes conditions matérielles et éducatives et les liens affectifs les unissant, la fixation

1. CA, Nîmes, 24 septembre 1992, jurisdata 030213.
2. CA, Nîmes, 15 juillet 1992, jurisdata 030226.
3. CA, Douai, 21 octobre 1993, *GP*, 1994, 1er sem., som., p. 75.
4. CA, Angers, 25 juillet 1995, jurisdata 050122.
5. CA, Metz, 25 juillet 1995, jurisdata 050017.

de la résidence de l'enfant chez la mère est conforme à l'intérêt de l'enfant, l'autorité parentale s'exerçant en commun »[1].

Il arrive parfois que les magistrats imposent des conditions à la fixation de la résidence de l'enfant. Ainsi la cour d'appel de Paris le 25 septembre 1992 a décidé que l'exercice de l'autorité parentale serait commun avec résidence habituelle des enfants chez la mère homosexuelle, à condition qu'elle ne cohabite pas avec une tierce personne[2]. Cette décision est critiquable : une telle restriction ne saurait être justifiée que par la démonstration *d'un réel danger pour l'enfant,* démonstration qui n'est pas faite. En outre, il est rarissime qu'une telle obligation soit imposée à un couple hétérosexuel, sauf s'il existe effectivement un danger réel pour l'enfant.

Ce tableau jurisprudentiel montre, avec des nuances non négligeables, que l'homosexualité en soi n'entraîne aucune incapacité à exercer les prérogatives parentales. L'appréciation effectuée par les magistrats tient compte de l'ensemble des circonstances d'espèce. On conclura en indiquant que les décisions relatives à l'exercice de l'autorité parentale et au droit de visite et d'hébergement ne sont pas nécessairement définitives. En effet, selon l'article 291 du Code civil : « Les décisions relatives à l'exercice de l'autorité parentale peuvent être modifiées ou complétées à tout moment par le juge à la demande de l'un des époux, d'un membre de la famille ou du ministère public. » Il est donc toujours possible de ressaisir le juge d'une demande d'attribution de l'exercice de l'autorité parentale ou d'une modification du droit de visite et d'hébergement, dès lors que les circonstances, qui ont présidé à la première décision, ont changé.

1. CA, Angers, 22 mai 1996, jurisdata 047048.
2. CA, Paris, 25 septembre 1992, jurisdata 022887.

2. **L'établissement de liens de filiation.** — Les homosexuel/les peuvent être père ou mère d'enfants légitimes. Mais en dehors de toute relation hétérosexuelle, peuvent-ils/elles prétendre avoir un enfant et dans quelles conditions ? Le droit français consacre deux manières de satisfaire le « désir d'enfant » : l'adoption et la procréation médicalement assistée.

A) *L'adoption.* — La loi française distingue l'adoption plénière de l'adoption simple. La première confère à l'adopté une filiation qui se substitue à la filiation d'origine, tandis que la seconde n'opère pas cette substitution. Dans les deux cas, l'adoption peut être demandée par toute personne âgée de plus de 28 ans. Il n'est pas nécessaire qu'elle soit mariée. Légalement, l'adoption n'est donc pas interdite aux homosexuel/les vivant seuls ou en concubinage[1].

La procédure d'adoption plénière exige qu'après enquête le président du conseil général accorde ou refuse son agrément. En pratique les services attachent une grande importance à l'environnement du demandeur. Une fois l'agrément accordé, un placement en vue de l'adoption est effectué. Il permet une mise à l'épreuve des relations entre l'adoptant et l'adopté. A l'issue de ce processus, l'adoption est prononcée par le tribunal de grande instance si les conditions légales sont réunies et notamment si l'adoption est conforme à l'intérêt de l'enfant.

Les juridictions administratives ont eu à se prononcer sur des différends opposant l'administration à des adoptants auxquels l'agrément était refusé. Ont ainsi été dégagées des interprétations jurisprudentiel-

1. Les dispositions relatives à l'adoption figurent aux articles 343 à 370-2 du Code civil modifiés par la loi du 5 juillet 1996. J. Massip, Les nouvelles règles de l'adoption, *Les Petites Affiches*, 14 mars 1997, p. 4 et s. ; H. Rihal, L'intérêt de l'enfant et la jurisprudence du Conseil d'État concernant les agréments en matière d'adoption, *Revue de droit sanitaire et social,* 1997, n° 3, p. 503 et s.

les qui permettent de dire dans quelles conditions les homosexuel/les peuvent adopter un enfant.

Tout d'abord un refus d'agrément fondé sur le seul fait que l'adoptant est célibataire et de sexe masculin est illégal. C'est ce qu'a jugé le tribunal administratif d'Orléans dans un jugement en date du 22 janvier 1991[1].

De la même manière, le 4 novembre 1991, le Conseil d'État a considéré que le président du conseil général, qui avait refusé l'agrément à Mlle L..., femme célibataire, née en 1954, en déclarant : « Si vos qualités pédagogiques paraissent indéniables, il semble que votre motivation pour l'adoption d'un enfant ne soit pas clairement définie par rapport à votre vie personnelle », avait fait une application inexacte de la loi. En effet, Mlle L... présentait des garanties suffisantes, compte tenu des conditions d'accueil qu'elle était susceptible d'offrir à un enfant, sur les plans psychologique familial et éducatif, et ce, même si elle était célibataire[2].

De même « des tendances homosexuelles refoulées » ne sauraient justifier un refus d'agrément dès lors qu'il n'existe aucun indice particulier de nature à faire craindre pour l'enfant[3].

Néanmoins, le 18 février 1994, le Conseil d'État a jugé qu' « il ressort des pièces du dossier qu'en rejetant la demande d'agrément aux fins d'adoption de Mme Y... par le double motif que le projet d'adoption de l'intéressée révélait "une absence d'image paternelle" et que l'enfant était moins désiré pour lui-même que comme un moyen de mettre fin à la solitude de

1. TA, Orléans, 22 janvier 1991, *La Semaine juridique,* éd. G, 1991, IV, p. 392.

2. CE, 4 novembre 1991, *Actualité juridique du droit administratif,* 1992, J, p. 74 ; *La Semaine juridique,* éd. G, 1992, IV, n° 208 ; *Dalloz,* 1992, IR, p. 38 ; *La Semaine juridique,* éd. G, 1992, IV, n° 1847.

3. CE, 24 avril 1992 ; cf. *La Semaine juridique,* éd. G, 1997, II, n° 22766, p. 35 ; *La Revue administrative,* 1992, p. 328, note H. Ruiz-Fabre.

l'intéressée et qu'ainsi Mme Y... ne présentait pas à la date de la décision des garanties suffisantes ; qu'en ce qui concerne les conditions d'accueil qu'elle serait susceptible d'offrir à un enfant sur le plan familial, éducatif et psychologique, le président du conseil général (...) qui ne s'est pas fondé sur la seule situation matrimoniale de Mme Y... n'a pas fait une inexacte application des dispositions législatives et réglementaires »[1].

Mais c'est surtout l'affaire de M. F... qui permet, aujourd'hui, de répondre à la question de l'adoption par les homosexuel/les. En 1992, M. F... a sollicité de l'administration un agrément aux fins d'adopter un pupille de l'État. M. F... est professeur agrégé, il est pourvu de qualités intellectuelles et humaines indéniables – cultivé, travailleur, réfléchi, sensible, attentif à autrui, fidèle en amitié, altruiste, scrupuleux – selon les enquêtes effectuées.

Malgré ces qualités, M. F... s'est vu refuser, en 1993, l'agrément en raison notamment de « l'absence de référence maternelle constante » ainsi que de ses « difficultés (...) à projeter dans le concret les bouleversements occasionnés par l'arrivée d'un enfant ». Il a exercé un recours gracieux contre cette décision ; l'administration a confirmé son refus en invoquant notamment ce qu'elle a appelé son *« choix de vie »*.

M. F... a, alors, saisi le tribunal administratif de Paris aux fins de voir annuler le refus d'agrément. Le tribunal, dans un jugement du 25 janvier 1995, après avoir noté que la formule « choix de vie » apparaissait comme un euphémisme par lequel l'administration a entendu évoquer l'homosexualité de M. F..., relève notamment que le rapport d'enquête sociale « attribue à M. F... "des qualités humaines et éducatives certaines" et conclut "qu'un enfant serait probablement heureux avec lui" et s'interroge exclusivement sur la compatibilité d'un projet d'adoption avec "des parti-

1. CE, 18 février 1994, *Recueil Lebon*, 1994, p. 79.

cularités" constituées par le fait d'être "un homme célibataire homosexuel" ». Le tribunal en a déduit que l'administration avait fait une inexacte appréciation des dispositions légales et a prononcé l'annulation des décisions attaquées[1]. Pour le tribunal, le « choix de vie » de M. F..., c'est-à-dire son homosexualité, qui est un aspect de sa personnalité, ne saurait justifier un refus d'agrément que s'il s'accompagnait d'un comportement préjudiciable à l'éducation de l'enfant.

L'administration a saisi le Conseil d'État qui a rendu un arrêt, le 9 octobre 1996, aux termes duquel il a jugé : « Il ressort des pièces du dossier et notamment des éléments recueillis au cours de l'instruction de la demande de M. F... que celui-ci, eu égard à ses conditions de vie et malgré des qualités humaines et éducatives certaines, ne présentait pas des garanties suffisantes sur les plans familial, éducatif et psychologique pour accueillir l'enfant adopté (...) ; que c'est à tort que pour annuler les décisions contestées, le tribunal administratif de Paris s'est fondé sur ce que, en refusant par le motif sus-indiqué l'agrément sollicité par M. F... le président du Conseil de Paris aurait fait une inexacte appréciation desdites dispositions. »[2]

Un commentateur a estimé que « le jugement a été annulé par le Conseil d'État car le refus était motivé non par la situation du demandeur mais par l'absence de garanties suffisantes présentées »[3]. Il nous semble au contraire que derrière l'apparente neutralité de la motivation du Conseil d'État, se profile en réalité le refus de voir un homme célibataire homosexuel adopter un enfant.

1. TA, Paris, 25 janvier 1995, *Les Petites Affiches*, 30 juin 1995, n° 78, p. 20, note J.-Y. Plouvin ; *Dalloz*, 1995, II, p. 647, note F. Boulanger.

2. *La Semaine juridique*, éd. G, 1997, I, n° 3969, p. 53 ; *La Semaine juridique*, éd. G, 1997, II, n° 22766 ; *Le Quotidien juridique*, 9 janvier 1997, p. 5, note F. Pelissier ; *Les Petites Affiches*, 11 juillet 1997, p. 32, note J. Massip.

3. *La Semaine juridique*, éd. G, 1996, I, n° 3979, n° 14.

A cet égard, la lecture des conclusions du commissaire du gouvernement est instructive[1]. D'une part elles indiquent que « l'administration n'a pas motivé son refus d'agrément par l'homosexualité de M. F... en tant que telle mais par les risques qui lui ont paru en résulter pour l'enfant », tout en notant, d'autre part, qu'il ne ressort d'aucune pièce du dossier que M. F... ait une vie dissolue et qu'il y ait à craindre pour l'enfant, ce d'autant plus qu'il ne vit pas en couple avec un autre homme. Elles reconnaissent que le Conseil est saisi d'une question de principe : l'administration peut-elle refuser à M. F..., en dépit de ses qualités, l'agrément en raison de son choix de vie, c'est-à-dire de son homosexualité et de ses conséquences supposées ?

Le commissaire du gouvernement a développé en faveur de la délivrance de l'agrément quatre arguments qui peuvent se résumer ainsi :

— la loi autorise l'adoption d'un enfant par un célibataire ;
— chacun a le droit de choisir sa vie sexuelle ;
— l'exercice de l'autorité parentale peut être dévolu à un parent homosexuel/le ;
— l'agrément administratif n'est pas le prononcé de l'adoption, qui relève de la seule compétence du tribunal de grande instance.

Mais il avance ensuite six arguments défavorables :

— il n'existe pas un droit à l'enfant ;
— le parallèle entre l'autorité parentale exercée par les homosexuel/les et la possibilité pour les homosexuel/les d'adopter un enfant n'est pas pertinent car dans le premier cas il existe déjà un lien de filiation, alors que dans le second il s'agit d'en créer un ;

1. Un commissaire du gouvernement, malgré son nom, ne représente pas le gouvernement mais présente l'état du droit sur la question que doivent trancher les juridictions administratives : Conseil d'État, cour d'appel administrative et tribunal administratif.

— la question de savoir s'il existe un risque psychologique est discutée ; dans le doute, il convient de donner à l'adopté « un environnement familial stable et épanouissant » avec une référence à l'altérité sexuelle ;
— la loi n'a pas autorisé expressément l'adoption par des homosexuel/les ;
— l'agrément est important. A travers lui « la société exprime ce que doivent être pour elle les aptitudes des adoptants » (...) « le corps social ne nous paraît pas prêt à admettre qu'un enfant soit confié à certaines personnes »[1] ;
— l'agrément ne s'impose pas au juge judiciaire qui « peut prononcer l'adoption s'il estime que les requérants sont aptes à recueillir l'enfant et que celui-ci (l'agrément) est conforme à l'intérêt de l'enfant »[2].

Il a finalement conclu à l'annulation du jugement du tribunal administratif de Paris et a été suivi par le Conseil d'État qui a été applaudi par une partie de la doctrine[3]. M. F... a saisi la Commission européenne qui examinera, dans un premier temps, la recevabilité de sa demande[4].

1. *La Semaine juridique*, éd. G, 1997, II, n° 22766.
2. *La Semaine juridique*, éd. G, 1997, II, n° 22766.
3. *Dalloz*, 1997, II, p. 117, note Malaurie ; F. Dreiffus-Netter, Adoption ou assistance médicale à la procréation : quelles familles ?, *Dalloz*, 1998, I, p. 100 et s.
4. La Commission européenne a, le 10 juillet 1997 (requête 31924/96, Di Lazarro), déclaré irrecevable la demande de Mme Di Lazarro, ressortissante italienne. La requérante invoquait la violation de l'article 8 de la CEDH par la loi italienne relative à l'adoption qui ne reconnaît pas l'adoption par des célibataires. La Commission « rappelle que le droit d'adopter ne figure pas en tant que tel, au nombre des droits garantis par la CEDH ». Elle ajoute que « l'article 12 de la CEDH qui reconnaît le droit pour l'homme et la femme d'âge nubile de fonder une famille, implique l'existence d'un couple et ne saurait être interprété comme incluant le droit d'adopter pour une personne célibataire ». Elle en conclut, dans cette affaire, que « la requête est incompatible *rationae materiae* avec les dispositions de la convention ».

L'on peut dire, en conclusion, que l'homosexualité de celui ou celle qui souhaite adopter un enfant sera nécessairement évoquée lors de l'instruction du dossier. Il ne fait pas de doute, au regard de l'arrêt du 9 octobre 1996, qu'à de rares exceptions près, l'agrément sera refusé[1].

Il est vrai que le tribunal de grande instance, seule juridiction habilitée à prononcer l'adoption, n'est pas lié par la décision administrative. Il peut prononcer l'adoption alors même que l'administration a refusé l'agrément ou n'a pas statué dans le délai légal, *lorsqu'il estime que les adoptants sont aptes à recueillir l'enfant et que cela est dans son intérêt.* Mais il ne faut pas se leurrer ; une telle éventualité interviendra rarement. On voit mal, en effet, le tribunal de grande instance, qui n'effectue aucune investigation sur la vie de l'adoptant, prononcer l'adoption alors que l'administration aura refusé l'agrément après avoir, elle, effectué une enquête sérieuse sur la vie du requérant. A cela il convient d'ajouter un élément de fait non négligeable : le nombre d'enfants à adopter est largement inférieur au nombre des demandes, de sorte qu'il y a une grande probabilité pour que les parents choisis soient prioritairement hétérosexuels.

L'homosexuel/le peut-il/elle alors se tourner vers les techniques médicales de procréation assistée ?

B) *La procréation médicalement assistée.* — L'assistance médicale à la procréation (AMP) est aujourd'hui régie par la loi du 29 juillet 1994[2]. Elle « s'entend des pratiques cliniques et biologiques per-

1. CE 12 février 1997, *Revue française de droit administratif,* 1997, p. 441. Dans cet arrêt le Conseil d'État a rejeté la demande d'annulation d'un refus d'agrément opposé à une homosexuelle.

2. Loi n° 94-654 du 29 juillet 1994. Elle prévoit la gratuité des dons (gamètes, embryons) ainsi que l'anonymat. L'AMP ne peut être pratiquée que dans certain établissement bénéficiant d'une autorisation administrative (FIVETE) ou au minimum dans un établissement de santé pour l'insémination artificielle avec ou sans donneur (IA et IAD).

mettant la conception *in vitro,* le transfert d'embryons et l'insémination artificielle ainsi que de toute technique d'effet équivalent permettant la procréation en dehors du processus naturel » (article 152-1 du Code de la santé publique).

La loi dispose que l'AMP a pour objet de « répondre à la demande parentale d'un couple » afin de « remédier à l'infertilité dont le caractère pathologique a été médicalement diagnostiqué. Elle peut aussi avoir pour objet d'éviter la transmission à l'enfant d'une maladie d'une particulière gravité » (art. 152-2 CSP). L'AMP est accessible aux couples formés d'un homme et d'une femme « vivants, en âge de procréer, mariés ou en mesure d'apporter la preuve d'une vie commune d'au moins deux ans et consentants préalablement au transfert des embryons ou à l'insémination » *(ibid.)*.

L'AMP est donc *légalement inaccessible* aux couples formés d'homosexuel/les. Les juges ont néanmoins été amenés, avant le vote de la loi, à se prononcer sur les conséquences d'une insémination artificielle avec ou sans donneur (IAD, IA) effectuée en dehors de tout cadre législatif. De même, avait été examinée la question des mères porteuses. Les solutions dégagées par les juridictions, avant le vote de la loi, seraient, sans nul doute, reconduites aujourd'hui.

L'insémination artificielle en dehors de tout cadre légal. — Mlle L... vit avec une jeune femme de manière stable et structurée. Le couple qui souhaite un enfant fait appel à M. M..., lui-même homosexuel, en qualité de donneur de sperme. Un enfant naît par IAD. Il est reconnu un mois avant sa naissance par les deux parents biologiques. Mlle L... et son amie quittent la région où elles étaient domiciliées, de sorte que M. M... est amené à saisir le juge aux affaires matrimoniales (JAM) afin d'obtenir la reconnaissance d'un exercice en commun de l'autorité parentale et une réglementation du droit de visite et d'hébergement.

Par une première ordonnance du 18 mai 1990, le JAM a refusé à M. M... l'exercice en commun de l'autorité parentale mais lui a accordé un droit de visite et d'hébergement restreint. Par une seconde ordonnance rendue en août 1990 et après expertise psychologique des parents et de l'enfant, le JAM a étendu les conditions d'exercice du droit de visite et d'hébergement du père. M. M... a interjeté appel.

La cour d'appel de Bordeaux a, le 22 avril 1992, décidé d'un exercice en commun de l'autorité parentale sur l'enfant avec fixation de la résidence chez la mère, car selon la cour il est « de l'intérêt de l'enfant de conserver des liens affectifs étroits avec son père afin que l'image paternelle et masculine ne soit pas exclue de son univers immédiat constitué par un couple uniquement féminin et que celui-ci (le père) puisse participer aux décisions importantes concernant sa fille »[1].

Mlle L... a formé un pourvoi en cassation en soutenant que « la convention par laquelle un homme engagé dans une relation homosexuelle accepte de donner son sperme à une femme également engagée dans une relation de ce type en vue de la procréation d'un enfant par insémination artificielle contrevient à l'ordre public, que cet homme ne saurait en raison de l'illicéité de cette convention qui est contraire à l'ordre public et constitue "un détournement de l'insémination artificielle" demander à exercer sur l'enfant l'autorité parentale normalement dévolue à la mère ».

La Cour de cassation, dans une décision du 9 mars 1994, largement commentée, n'a pas suivi Mlle L...[2]. Elle a considéré que « la reconnaissance souscrite par

1. *Revue trimestrielle de droit civil,* juillet/septembre 1992, p. 552.

2. Cass. civ. 1re 9 mars 1994, *Dalloz*, 1995, II, p. 197, note E. Monteiro ; *Les Petites Affiches*, 28 septembre 1994, p. 21, note J. Massip ; *Les Petites Affiches*, 28 décembre 1994, p. 24, note X. Daverat ; *Dalloz*, 1995, som. p. 116 et 131.

M. M... n'ayant pas été contestée, la cour d'appel était, dès lors, tenue de statuer sur la demande du père conformément à l'article 374 du Code civil » et a rejeté le pourvoi formé contre l'arrêt de la cour d'appel de Bordeaux.

On notera que la cour ne s'est prononcée ni sur la licéité de la méthode utilisée ni sur les mobiles qui ont présidé à ce choix. Elle a considéré que cette méthode et ces mobiles ne sauraient faire écarter les dispositions qui réglementent l'exercice de l'autorité parentale : *celui ou celle qui reconnaît l'enfant a des droits et des devoirs sur cet enfant*. Ainsi, à supposer que la convention relative à l'IAD soit nulle, elle ne saurait remettre en cause la filiation qui résulte d'un acte de reconnaissance de l'enfant par le père.

En réalité, dans cette affaire Mlle L... avait cherché à établir un parallèle avec la jurisprudence de la Cour de cassation qui a jugé que la convention relative à une maternité de substitution *était nulle*.

La pratique des « mères porteuses ». — Un couple d'homosexuels peut-il demander à une femme de porter l'enfant conçu par une IA avec le sperme de l'un des concubins ? Cette pratique, interdite depuis la loi du 29 juillet 1994[1], avait auparavant été condamnée par la Cour de cassation dans un arrêt rendu par son assemblée plénière le 31 mai 1991[2]. Cette affaire concerne un couple hétérosexuel, mais il ne fait aucun doute que la solution donnée par la Cour eût été similaire, s'il s'était agi d'un couple d'homosexuels.

Un couple hétérosexuel dont l'épouse était stérile avait trouvé une femme qui acceptait de porter un

1. La loi 94-653 du 29 juillet 1994 a instauré l'article 16-7 du Code civil selon lequel : « Toute convention portant sur la procréation ou la gestation pour le compte d'autrui est nulle. »

2. Cass., 31 mai 1991, *Les Grands arrêts de la jurisprudence civile,* Dalloz, 10e éd., 1994, p. 224 ; M. Gobert, La maternité de substitution, à propos d'une décision rassurante, *Les Petites Affiches,* 23 octobre 1991, p. 4 et s.

enfant conçu par IAD et d'accoucher sous X. La volontaire est inséminée avec le sperme du mari. Le père biologique reconnaît l'enfant tandis que la mère biologique accouchait sous X. L'épouse stérile du mari, père de l'enfant, introduisit alors une requête à fin d'adoption plénière de l'enfant.

Le tribunal de grande instance de Paris a rejeté la demande d'adoption mais la cour de Paris a infirmé le jugement et s'est prononcée en faveur de l'adoption. Le procureur général près de la Cour de cassation a alors formé un pourvoi dans l'intérêt de la loi.

La Cour de cassation, dans un arrêt de principe, a jugé que « la convention par laquelle une femme s'engage, fût-ce à titre gratuit, à concevoir et porter un enfant pour l'abandonner à sa naissance, contrevient tant au principe d'ordre public de l'indisponibilité du corps humain qu'à celui de l'indisponibilité des personnes ». Elle condamne l'adoption dans ce cadre, c'est-à-dire en tant qu' « ultime phase d'un processus d'ensemble destiné à permettre à un couple l'accueil à son foyer d'un enfant conçu en exécution d'un contrat tendant à l'abandon à sa naissance par la mère... » ; elle conclut en condamnant ce processus qui constitue « un détournement de l'institution de l'adoption ».

La Cour est, sans doute, allée trop loin en faisant interdiction à la femme d'adopter l'enfant né par ce procédé car elle fait peser sur lui les conséquences d'une « faute » commise par les parents : l'enfant est privé à la fois de la filiation avec sa mère biologique, qui ne l'a pas reconnu, et de la filiation avec la mère adoptive potentielle. Dans ces conditions, l'on peut se demander si la Cour n'a pas sacrifié l'intérêt de l'enfant[1].

1. Pour un examen des sanctions voir A. Prothais, Les paradoxes de la pénalisation, enquête en matière d'assistance médicale à la procréation et d'adoption, *La Semaine juridique,* 1997, I, n° 4055, p. 425 et s.

II. — Les relations de travail

C'est en dernière analyse, dans ses rapports avec l'employeur, qu'un salarié peut se voir opposer – en fait – son homosexualité. Certes en droit le principe de non-discrimination s'impose, ici comme ailleurs. La loi précise, d'ailleurs, les conditions dans lesquelles ce principe doit s'appliquer[1]. En conséquence, l'homosexualité, lorsqu'elle est connue, devrait être indifférente. Mais en pratique comment éviter que l'homosexualité d'un citoyen n'influe sur son embauche, l'exécution de son contrat de travail ou son licenciement ? Le cas échéant, comment peut-on réagir en cas de violation du principe de non-discrimination[2] ?

1. **L'embauche.** — Le nouveau Code pénal considère que « constitue une discrimination, toute distinction opérée entre les personnes physiques à raison de leur origine, de leur sexe, de leur situation de famille, de leur état de santé, de leur handicap, de leurs mœurs, de leur opinion politique, de leur activité syndicale, de leur appartenance ou de leur non-appartenance, vraie ou supposée à une ethnie, une nation, une race ou une religion déterminée » (art. 225-1 CP). La peine encourue est de deux ans d'emprisonnement et 200 000 F d'amende lorsque la discrimination consiste « à subordonner une offre d'emploi à une condition fondée sur l'un des éléments visés à l'article 225-1 » (art. 225-2 CP). Lorsque les agissements discriminatoires sont le

1. Le dispositif législatif est issu de trois lois. La première du 17 janvier 1986 : rédaction de l'article 122-35 du Code du travail ; la deuxième du 12 juillet 1990 : rédaction de l'article 122-45 du Code du travail ; la troisième du 31 décembre 1992 modifie le dispositif existant et crée une procédure d'alerte. Ces lois sont, en outre, complétées par des incriminations pénales entrées en vigueur le 1er mars 1994.

2. D. Lochak, Réflexions sur la notion de discrimination, *Droit social*, novembre 1987, p. 778 et s. ; voir aussi du même auteur : Égalité et différences. Réflexion sur l'universalité de la règle de droit, *Homosexualités et droit*, Paris, PUF, Les voies du droit, mai 1998.

fait d'une personne dépositaire de l'autorité publique ou chargée d'une mission de service public, ils sont sanctionnés d'une peine de trois ans d'emprisonnement et 300 000 F d'amende (art. 432-7 CP).

L'employeur ne peut donc légalement refuser d'embaucher une personne parce qu'elle serait homosexuelle. Mais comment le candidat à l'emploi peut-il rapporter la preuve que le refus d'embauche est fondé sur son homosexualité ? Combien d'employeurs indiqueraient expressément qu'ils se refusent à embaucher un candidat pour cette raison ? En outre, la loi du 31 décembre 1992, qui soumet à la confidentialité les tests d'embauche, empêche le candidat d'y avoir accès et d'effectuer une comparaison avec les autres candidats, ce qui lui permettrait le cas échéant de démontrer le caractère discriminatoire du refus d'embauche. Enfin, à supposer que cette preuve puisse être établie, la procédure qui pourrait être engagée par le salarié conduira l'employeur à être sanctionné sur le plan pénal, mais en ce qui concerne le dommage, on se heurte à une difficulté car comment évaluer la perte d'une chance et/ou le préjudice moral ?

Par ailleurs, il existe une exception à l'impossibilité de refuser le recrutement d'un candidat. L'article 122-45 du Code du travail (issu de la loi du 12 juillet 1990)[1] prévoit qu'« aucune personne ne peut être écartée d'une procédure de recrutement (...) en raison de son origine, de son sexe, de ses mœurs (...) sauf inaptitude constatée par le médecin du travail ». L'employeur peut donc refuser l'embauche sur la base d'une inaptitude médicale constatée par le médecin du travail. Dans ce cadre, l'employeur – par le biais du médecin tenu au secret médical – peut demander des informations sur l'état de santé du

1. J.-P. Laborde, Quelques observations à propos de la loi du 12 juillet 1990 relative à la protection des personnes contre les discriminations en raison de leur état de santé ou de leur handicap, *Droit social*, juillet/août 1991, p. 615 et s.

candidat, mais les informations demandées doivent être objectives et liées au poste à pourvoir. Le test VIH est exclu, à moins d'un lien direct avec la fonction. Le médecin du travail peut néanmoins demander des examens complémentaires s'il l'estime nécessaire pour dépister des maladies dangereuses. On ignore sur quel critère il fera cette demande (tenue vestimentaire marquée, célibat ?) et quelles seront les conséquences de sa découverte. Il existe donc une marge d'interprétation qui peut, comme dans n'importe quel domaine, donner lieu à des abus. Dans ce cas, c'est le juge qui, en fonction des éléments de l'espèce portés à sa connaissance, tranchera et « dira le droit ».

Force est de constater que la loi pose un principe de non-discrimination à l'embauche dont l'affirmation est apparue nécessaire mais dont l'application est somme toute surtout symbolique[1].

2. **L'exécution du contrat.** — Le salarié qui exécute son contrat de travail bénéficie de garanties légales destinées à le protéger contre des traitements discriminatoires.

Tout d'abord, le règlement intérieur de l'entreprise ne saurait comporter une disposition établissant un traitement discriminatoire entre les salariés à raison notamment de leurs mœurs[2]. Si tel était le cas, les juges auraient le pouvoir de déclarer non écrite la clause discriminatoire. Ainsi les juridictions ont, notamment, considéré qu'un règlement intérieur ne pouvait imposer une clause de célibat[3]. En revanche,

1. B. Bogucki, L'homosexualité et les dispositions relatives au recrutement et aux libertés individuelles, *Les Petites Affiches*, 10 août 1994, p. 24 et s.

2. Article 122-35 du Code du travail issu de la loi 86/76 du 17 janvier 1986.

3. CA, Paris, 30 avril 1963 et Cass., 7 février 1968, cf. K. Achaoui, L'homosexualité et la rupture du contrat de travail, *Les Petites Affiches*, 10 août 1994, p. 27 et s.

le comportement du salarié dans l'entreprise peut justifier son licenciement : le fait pour une jeune femme de venir travailler dans une tenue vestimentaire transparente justifie pour la cour d'appel de Nancy son licenciement en raison du trouble dans l'entreprise occasionné par cet habillement[1]. Il ne s'agit pas ici des mœurs, à proprement parler, mais de comportement. Or l'homosexualité peut se traduire par un comportement qui, dans certaines hypothèses caractérisées, peut générer un trouble dans l'entreprise justifiant le licenciement. L'appréciation de cette situation relève du pouvoir souverain des juges du fond.

Depuis le 31 décembre 1992, une procédure d'alerte a été mise en place. L'article 422-1-1 du Code du travail prévoit que « si un délégué du personnel constate, notamment par l'intermédiaire d'un salarié, qu'il existe une atteinte aux droits des personnes ou aux libertés individuelles dans l'entreprise (...), il en saisit immédiatement l'employeur (...) ». Ce dernier doit effectuer sans délai une enquête, et prendre les dispositions nécessaires pour y remédier. En cas de carence de l'employeur, le délégué peut saisir le Conseil des prud'hommes qui statuera en la forme des référés, c'est-à-dire rapidement.

Par ailleurs, les relations entre salariés peuvent conduire au licenciement de l'un d'eux. Ce licenciement n'est pas forcément justifié comme le montrent deux arrêts récents de la Cour de cassation. Dans une première espèce, une salariée, qui tenait des propos ayant trait à l'homosexualité de l'un de ses subordonnés, a été licenciée. Mécontente de son licenciement, elle a saisi le Conseil des prud'hommes, qui a condamné l'employeur pour licenciement sans cause réelle et sérieuse. L'employeur, après avoir fait appel de la décision du Conseil des prud'hommes et avoir été

1. CA, Nancy, 29 novembre 1982, *Dalloz*, 1985, II, 354, note C. Lapoyade-Deschamps.

débouté, a saisi la Cour de cassation. Celle-ci a considéré, le 8 octobre 1992, que « les propos tenus par la salariée s'inscrivaient dans un milieu professionnel où la familiarité et la plaisanterie facile étaient coutumières et qu'il n'était pas établi que l'autorité de la salariée sur ses subordonnés en avait été affectée ; (...) la faute grave n'est pas constituée (...) ; le licenciement ne procède pas d'une cause réelle et sérieuse (...) »[1].

Dans la seconde espèce, une salariée d'un salon de coiffure a évoqué les rumeurs relatives à l'homosexualité d'un client devant le personnel et notamment un apprenti. Ce dernier a écrit au client en lui faisant part de ses propres tendances homosexuelles. Le client mécontent s'est manifesté vigoureusement auprès de l'employeur. L'employeur a licencié la salariée sur le fondement des propos tenus qui constituaient, selon lui, une faute grave. Le Conseil des prud'hommes a estimé que le licenciement n'était pas fondé. Saisie par l'employeur, la Cour de cassation a considéré, comme le Conseil des prud'hommes, « qu'il ne pouvait être reproché à la salariée (...) d'avoir tenu des propos déplacés en présence de collègues de travail (...) ce fait ne constitue pas une faute grave (...) le licenciement ne procède pas d'une cause réelle et sérieuse (...) »[2].

L'homosexuel/le peut, comme tout salarié, revendiquer une protection contre le harcèlement sexuel. Le Code pénal dispose que : « Le fait de harceler autrui, en usant d'ordres, de menaces ou de contraintes, dans le but d'obtenir des faveurs de nature sexuelle, par une personne abusant de l'autorité que lui confèrent ses fonctions, est puni d'un an d'emprisonnement et de 100 000 F d'amende » (art. 222-33). Le texte n'ayant pas posé comme condition le caractère hété-

1. Cass. soc., pourvoi n° 91/43.526, arrêt du 8 octobre 1992, lexilaser.

2. Cass. soc., pourvoi n° 93/40.807, arrêt du 3 novembre 1994, lexilaser.

rosexuel du harcèlement, les homosexuel/les peuvent l'invoquer.

Enfin certaines entreprises accordent à leurs salariés les mêmes avantages sociaux, qu'ils soient hétérosexuel/les ou homosexuel/les. Néanmoins, en dépit du principe de non-discrimination, cela n'est pas une obligation pour les entreprises. En effet, dans une affaire concernant un steward de la compagnie Air France qui s'était vu refuser par son employeur le bénéfice d'un billet pour son compagnon, alors que le statut du personnel de la compagnie prévoit que des billets sont accordés aux personnels, « aux conjoints mariés et aux concubins en union libre », la Cour de cassation *a clairement refusé d'assimiler le concubinage homosexuel au concubinage hétérosexuel*[1]. Dès lors, nombre d'entreprises estiment qu'elles n'ont pas l'obligation d'accorder aux concubins homosexuels les avantages qu'elles accordent aux concubins hétérosexuels.

3. **Le licenciement.** — L'article 122-45 du Code du travail dispose qu' « aucun salarié ne peut être sanctionné ou licencié en raison de son origine, de son sexe, de ses mœurs (...) sauf inaptitude constatée par le médecin du travail ». Le licenciement, pas plus que le refus de recrutement d'un salarié, ne saurait donc être justifié par l'homosexualité du salarié. La Cour de cassation s'est prononcée sur ce point. Le Conseil d'État aussi – en ce qui concerne il est vrai un fonctionnaire dont le sort relève non pas du droit du travail mais du statut de la fonction publique.

L'espèce jugée par le Conseil d'État le 13 juin 1990[2] est la suivante : M. O... CRS, a hébergé un adolescent de moins de 16 ans, en fugue, au lieu de le conduire au service de police compétent et a « l'habitude d'entre-

1. Cass. soc., 11 juillet 1989, *La Gazette du Palais,* II, p. 216 ; *RTD civ.,* janv.-mars 1990, p. 53, note Rubellin-Devichi ; Cass. 3e civ. 17 décembre 1997, *Dalloz,* 1998, p. 111 et s. ; voir aussi *infra* chap. III.
2. *Les Petites Affiches*, 28 novembre 1990, p. 15, note J.-Y. Plouvin.

tenir des relations privées avec des individus défavorablement connus de la justice ». Il est révoqué de ses fonctions par décision du ministère de l'Intérieur. Cette décision ne fait pas référence à l'homosexualité en tant que telle mais en filigrane, derrière le comportement reproché à M. O..., se cache bien son choix de vie ; M. O... saisit le tribunal administratif d'une demande d'annulation de la décision de révocation.

Sa requête a été rejetée par le tribunal. Il a alors saisi le Conseil d'État qui a décidé que les faits reprochés à M. O... « constituent des fautes professionnelles de nature à justifier une sanction ». Le Conseil a néanmoins jugé que la décision prise par le ministère de l'Intérieur est entachée d'une erreur manifeste d'appréciation et de ce fait doit être annulée car, si le comportement du CRS est fautif, la sanction infligée – la révocation – est disproportionnée par rapport à la faute.

Cette décision est à certains égards critiquable car elle est en contradiction avec la loi du 13 juillet 1983, relative au statut des fonctionnaires, qui a supprimé l'exigence de « bonnes mœurs » et de « bonne moralité ». Selon les termes de ce texte, le fonctionnaire ne devrait pas se voir opposer des considérations tirées de la nature de ses mœurs[1].

Le Conseil d'État, juge administratif, fait donc preuve, en cette matière, d'un libéralisme restreint. La Cour de cassation – juge judiciaire, gardien des libertés selon la Constitution – est, ici, plus libérale, comme le montre l'affaire suivante.

M. X..., sacristain, est embauché par l'association Fraternité saint Pie X. Il est licencié dix-huit mois plus tard en raison de son homosexualité. M. X... saisit le Conseil des prud'hommes. Celui-ci considère

1. X. Tracol, *Le droit à la différence homosexuelle ou la reconnaissance d'un statut juridique à l'homosexualité,* mémoire de DEA, Université Paris X-Nanterre, 1993/1994.

que le licenciement est sans cause réelle et sérieuse car fondé sur l'homosexualité. L'employeur interjette appel. La cour d'appel de Paris dans un arrêt du 30 mars 1990, après avoir relevé que M. X... devait manipuler dans ses fonctions « des vases sacrés, à porter et à déposer sur l'autel en vue des célébrations », qu'il avait ainsi « la charge la plus élevée confiée à un laïc », estime que la bonne exécution des tâches de M. X... « requérait nécessairement que l'attitude extérieure corresponde aux dispositions intérieures dont elle n'est que le reflet » et a conclu en « considérant (...) que tout ce qui est en contradiction flagrante avec de telles données, constituait en soi des violations des obligations contractuelles ; qu'en l'espèce, revêtait ces caractères l'homosexualité reconnue par M. X... non comme une expérience passagère et isolée mais comme une habitude invétérée, au point d'en faire un véritable état de vie dont les suites pathologiques n'ont été que le révélateur. Considérant que l'homosexualité est condamnée depuis toujours par l'Église catholique (...). Considérant que cette méconnaissance délibérée par le salarié de ses obligations nées du contrat de travail a existé et existait indépendamment du scandale qu'un tel comportement était susceptible de provoquer (...). L'association avait de justes motifs de licencier M. X... »[1].

M. X... saisit la Cour de cassation. Celle-ci retient d'abord, d'une part que le Code du travail interdit à l'employeur de licencier un salarié en raison de ses mœurs (art. 122-35 et 122-45) et d'autre part que l'employeur peut objectivement congédier un salarié dont le comportement crée, compte tenu de la nature des fonctions exercées, un trouble manifeste au sein de l'entreprise.

1. CA, Paris, 30 mars 1990, *La Gazette du Palais*, II, p. 630, note C. Pettiti ; *Dalloz*, 1990, II, p. 596, note J. Villacèque ; *Les Petites Affiches*, 28 novembre 1990, p. 13.

La Cour suprême relève, ensuite, que la cour d'appel s'étant *« bornée à mettre en cause les mœurs du salarié sans avoir constaté d'agissement de ce dernier ayant créé un trouble caractéristique au sein de l'association (...), a violé les textes susvisés »* et casse l'arrêt.

Cette décision sanctionne l'appréciation trop générale et abstraite de la cour d'appel qui n'a pas fondé sa décision *sur la réalité du comportement du salarié*. Elle a été critiquée par une partie de la doctrine. En effet, pour certains auteurs, le licenciement est justifié dès lors que « le salarié ne remplit objectivement pas, même sans faute de sa part, les conditions nécessaires à la bonne exécution de son travail. Or telle est bien la situation de M. X.... Par son homosexualité avérée, il se trouvait véritablement dans l'impossibilité de remplir ses fonctions liturgiques d'un sacristain qui exigent une certaine pureté extérieure et surtout intérieure »[1].

Il nous semble au contraire que l'analyse de la Cour de cassation doit être approuvée dès lors que l'employeur ne démontre pas *in concreto* que le comportement du salarié résultant directement de son homosexualité cause un trouble caractérisé dans l'entreprise.

La seule homosexualité d'un salarié ne saurait donc fonder son licenciement. La cour d'appel de Paris chargée de réexaminer ce litige après cassation l'a, d'ailleurs, bien compris puisqu'elle a estimé que « le licenciement de ce salarié fondé sur son homosexualité et sa séropositivité procède d'un motif tiré uniquement de sa vie privée et ne saurait constituer une cause réelle et sérieuse de rupture du contrat de travail dès lors que les agissements du salarié en

1. Cass., 17 avril 1991, *La Semaine juridique*, éd. G, 1991, II, n° 21724, note A. Sériaux ; voir aussi, *La Gazette du Palais*, 1991, II, p. 474, note O. Échappé.

dehors de l'entreprise, qui relèvent de l'exercice de ses libertés, ne sauraient justifier un licenciement indépendamment du trouble caractérisé qu'un tel comportement est susceptible de provoquer au sein de la collectivité qu'elle forme, l'adhésion sans réserve du salarié à la foi catholique ne faisant d'autre part l'objet d'aucune discussion »[1].

Dans d'autres circonstances, le comportement homosexuel peut justifier le licenciement. Ainsi par exemple la cour d'appel de Montpellier dans une affaire où il « était reproché à un salarié d'avoir travaillé pour le compte d'une entreprise concurrente et de s'être livré à des actes provocants contraires aux bonnes mœurs, à savoir des actes d'homosexualité sur la personne d'un handicapé également employé de la société », a estimé que le licenciement immédiat était justifié[2].

Ces affaires et les décisions auxquelles elles ont donné lieu montrent comment le juge reconnaît l'importance du principe de liberté de la vie privée du salarié. Mais il reconnaît aussi que ce principe est limité par le droit reconnu à l'employeur d'exiger de ses salariés un comportement compatible avec la bonne marche de l'entreprise. En d'autres termes, le droit au respect de la vie privée doit être garanti mais l'exercice de ce droit ne saurait, dans ses effets, nuire au bon fonctionnement de l'entreprise.

On notera, enfin, que l'état de santé peut être un moyen indirect de licencier un salarié homosexuel. En effet l'article 122-45 du Code du travail prévoit que l'employeur, en présence d'une inaptitude constatée par le médecin du travail, peut licencier un salarié en raison de son état de santé ou de son handicap. Dans ces conditions, un licenciement fondé sur la séropositivité peut-il être légal ? La réponse devrait être néga-

1. *Dalloz*, 1992, IR, p. 125.
2. CA, Montpellier, 28 janvier 1993, edi data 034460.

tive car la séropositivité, en elle-même, ne saurait constituer une inaptitude médicale.

En présence d'un salarié séropositif, un employeur habile pourrait invoquer, dans un premier temps, son droit de modifier une situation dangereuse par des mesures de nature à calmer les esprits : changement de poste, etc.[1]. Puis, le cas échéant, dans un second temps, l'employeur pourrait invoquer le trouble créé dans l'entreprise par la séropositivité de son salarié et s'appuyer sur la jurisprudence relative à la mésentente entre salariés, pour licencier celui qui est devenu indésirable du fait de son affection. Une telle attitude, à notre avis, devrait être sanctionnée par les juridictions car tout licenciement, qui n'est pas fondé sur le *comportement* de l'intéressé séropositif, serait, en réalité, fondé sur la maladie et par voie de conséquence discriminatoire.

On rappellera, toutefois, qu'un employeur peut licencier un salarié malade lorsque la maladie entraîne une perturbation dans le fonctionnement de l'entreprise. En effet, l'employeur doit pourvoir au poste du salarié absent afin de pallier la désorganisation du service. La nature des fonctions exercées est un élément essentiel pour apprécier la validité du licenciement. Celui-ci sera d'autant plus fondé que l'emploi exercé est particulier et que les responsabilités sont grandes. Il n'y a pas de durée d'absence à partir de laquelle le licenciement serait fondé ou non fondé ; tout dépend des circonstances de l'espèce, mais l'employeur ne doit pas agir à la hâte. Enfin, il sera tenu compte de la taille de l'entreprise pour justifier le remplacement du salarié malade[2].

1. Articles L 231-8 à L 231-8-2 du Code du travail.
2. Francis Lefebvre, *Droit du travail*, 1998, n°s 6030 et s., p. 679.

Chapitre III

LE COUPLE HOMOSEXUEL

On s'accorde à considérer que les homosexuel/les représentent, selon des statistiques officielles, 3 à 6 % de la population d'un pays[1] ; mais la législation française n'admet pas pour autant l'union de deux personnes de même sexe. L'épidémie de Sida, qui a placé nombre d'homosexuel/les vivant en couple, après le décès de l'un des partenaires, dans une situation de précarité, a donné naissance aux revendications relatives à l'union des homosexuel/les. La volonté d'une reconnaissance légale de l'union de deux personnes de même sexe comporte deux aspects.

Une première exigence, qui revêt une dimension symbolique, porte sur la reconnaissance par la société de l'existence des couples d'homosexuel/les, ce qui implique une consécration juridique du lien qui unit de tels couples. Une autre exigence, plus pragmatique, porte sur un statut qui régirait les rapports des partenaires entre eux comme avec les tiers. A ce jour aucune de ces revendications n'est satisfaite. En effet, il n'y a pas d'institution juridique « nommée » qui

1. Le rapport Kinsey, publie aux États-Unis en janvier 1948, affirme qu'environ 13 % des hommes adultes et 7 % des femmes adultes sont principalement ou exclusivement homosexuel/les durant une partie au moins de leur vie ; 40 % des hommes et 20 % des femmes ont eu une franche expérience homosexuelle après la puberté. Selon une étude plus récente, 4,1 % d'hommes et 2,6 % de femmes se présentent comme homosexuel/les (rapport Spira, Bajos et le groupe ASCF, *Les comportements sexuels en France*, collection des Rapports officiels, 1993.

puisse offrir à ces couples un cadre approprié, reconnu. Ils existent « en fait » plutôt qu'en droit, si bien qu'il faut, le plus souvent, résoudre par l'application de dispositions souvent inadaptées les problèmes que pose la vie commune.

I. — L'absence de cadre juridique

Aujourd'hui, le couple d'homosexuel/les ne peut prendre place dans aucune des catégories juridiques existantes qui pourraient à la rigueur lui convenir. L'accès au mariage est « naturellement » fermé, comme celui du concubinage dont la consécration, timidement ébauchée dans notre droit, ne profite pour l'essentiel qu'aux hétérosexuel/les. Enfin les tentatives de détournement de l'adoption sont normalement déjouées par les tribunaux.

1. **L'exclusion du mariage.** — On verra dans le chapitre suivant comment le mariage sert assez logiquement de modèle à la plupart des tentatives de reconnaissance et de réglementation des unions homosexuelles. Pourtant, ce mariage est actuellement rigoureusement interdit, au nom de la nature des choses, entre les personnes de même sexe. Cette interdiction prend appui sur des textes français et internationaux.

L'article 144 du Code civil prévoit que « l'homme avant 18 ans révolus, la femme avant 15 ans révolus ne peuvent contracter mariage ». L'article 75 du même code précise que l'officier d'état civil chargé de célébrer le mariage « recevra de chaque partie, l'une après l'autre, la déclaration qu'ils veulent se prendre pour mari et femme ; il prononcera, au nom de la loi, qu'elles sont unies par le mariage et en dressera acte sur-le-champ ». La Déclaration universelle des droits de l'homme (art. 16), le Pacte international relatif aux droits civils et de la famille de 1966 (art. 23, al. 2) et la CEDH reprennent en des termes presque identiques le critère de la différence des sexes comme un élément fondamental du mariage. Ainsi l'article 12 de la CEDH dispose qu' « à partir de l'âge nubile, l'homme et la femme ont le droit de se marier et de fonder une famille selon les lois nationales régissant l'exercice de ce droit ».

A l'exception de l'article 75 du Code civil, ces textes se bornent à garantir aux hommes et aux femmes, indifféremment, le droit de se marier sans que cette garantie, prise à la lettre, implique nécessairement une définition hétérosexuelle du mariage. Néanmoins, dans l'ordre interne, la doctrine pratiquement unanime des juristes considère, conformément à l'opinion commune, que la différence des sexes est de l'essence même du mariage. Il en résulte qu'un mariage entre homosexuel/les serait considéré comme nul, d'une nullité « absolue » ; certains disent même « inexistant ». Le ministère public et, d'ailleurs, toute personne y ayant intérêt pourraient faire constater cette nullité.

Il n'en va pas différemment dans l'ordre international. La Commission européenne a été saisie de la question dans une affaire Mark Rees c/ Royaume-Uni. Elle a considéré qu' « un État contractant doit être admis à exclure du mariage les personnes dont la catégorie sexuelle emporte en elle-même une inaptitude physique à procréer soit dans l'absolu (hypothèse du transsexuel/le), soit relativement à la catégorie sexuelle du conjoint (hypothèse d'un individu du même sexe). Dans de telles situations, dont la consécration légale pourrait apparaître au législateur national comme une dénaturation du mariage et de sa fin sociale, il se justifie que l'État puisse refuser le droit au mariage ».

La Cour européenne a, ensuite, jugé dans la même affaire que « l'article 12 vise le mariage traditionnel entre deux personnes de sexes biologiquement opposés. Son libellé le confirme : il en ressort que l'objectif poursuivi consiste essentiellement à protéger le mariage en tant que fondement de la famille. L'article 12 précise que ce droit obéit, pour son exercice, aux lois nationales des États contractants. Les limitations en résultant ne doivent pas le restreindre ou le réduire d'une manière ou d'un degré qui l'atteindrait dans sa substance même, mais on ne saurait attribuer un tel effet à l'empêchement apporté au Royaume-Uni au mariage de personnes n'appartenant pas à des sexes biologiquement différents »[1]. Cette position a été confirmée par la Commission et la Cour européennes en 1989 et 1990.

Un couple homosexuel privé de mariage civil peut-il alors se tourner vers les institutions religieuses ? Il frapperait vainement à la porte de l'Église romaine. Sans doute au Moyen Age, notamment en Orient, a-t-elle autorisé des cérémonies qui ritualisaient des relations affectives durables entre deux personnes de même sexe[2]. Mais, de nos jours, le canon 1096 du code de 1983 prévoit que « le mariage est une communauté permanente entre l'homme et la femme, ordonnée pour la procréation des enfants par quelque coopération sexuelle ». Il n'autorise donc, pas plus que le droit laïc, le mariage des personnes du même sexe. Un mariage de ce genre pourrait être annulé par le tribunal ecclésiastique[3]. Certains religieux – surtout semble-t-il protestants tel que le pas-

1. Arrêt du 17 octobre 1986, série A, n° 106.

2. J. Boswell, *Les unions de mêmes sexes,* Paris, Fayard, 1996. Il cite notamment l'exemple de Basile 1er qui gouverna l'Empire byzantin et qui participa à une cérémonie d'union avec un dénommé Nicolas : « Dans la plupart des récits qui les concernent Nicolas et Basile sont unis au cours d'une cérémonie ecclésiastique » (...) Une autre version se montre plus explicite à propos de la cérémonie : « Et le lendemain, il (Nicolas) se rendit avec lui (Basile) aux bains et changea (ses vêtements) et, allant à l'église, établit avec lui une union officielle et ils se réjouirent l'un dans l'autre » ; cette curieuse expression devait sans doute rappeler aux lecteurs grecs chrétiens la formule biblique « réjouis-toi avec la femme de ta jeunesse », p. 246.

3. Ouvrage collectif, *L'homosexuel(le) dans les sociétés civiles et religieuses,* Éd. Cerdic, 1985.

teur Doucé – ont accepté de procéder à des « bénédictions d'unions homosexuelles ». Mais il ne s'agit pas de véritables célébrations de mariages.

Un parlementaire hostile à l'égard de ce qu'il considérait comme des mariages religieux d'homosexuel/les a récemment demandé au ministre de la Justice de prendre les mesures appropriées. Après avoir rappelé que le mariage laïc est le seul reconnu par la loi, le garde des Sceaux a assuré que les parquets demeuraient vigilants et poursuivraient toute célébration, par un ministre du culte, de mariages religieux sans justification d'un mariage civil préalable (infraction prévue par l'article 433-21 du Code pénal). Néanmoins le garde de Sceaux précise : « Cette disposition paraît peu adaptée aux cas évoqués, (...) dans la mesure où les cérémonies religieuses dont il s'agit ne peuvent en aucune façon être confondues avec le mariage, au sens du Code civil, puisque cette institution n'existe dans notre droit qu'entre personnes de sexes différents. »[1]

L'identité des sexes étant considéré par la quasi-totalité de la doctrine comme un obstacle au mariage, certains auteurs ont estimé que *« la reconnaissance du transsexualisme permettait de tourner la difficulté »*[2]. Cette affirmation est surprenante et contestée par les transsexuel/les eux-mêmes.

En effet, le transsexualisme est un faux cas d'homosexualité car le transsexuel/le a une identité de genre et une morphologie différentes de celles de son conjoint. On notera d'ailleurs qu'en principe les tribunaux français n'autorisent pas le transsexuel/le marié/e à prendre un sexe d'état civil identique à celui de son conjoint. Il s'agit d'éviter, de fait, l'union de

1. Réponse du garde des Sceaux à M. Retailleau, *JO*, AN, 9 décembre 1996, *GP*, 16/18 février 1997, p. 41.

2. J. Hausser et D. Huet-Weiller, *Traité de droit civil*, LGDJ, 1989, p. 65, n° 130, note 44.

personnes de même sexe[1]. On peut en conclure que les magistrats considèrent le mariage d'un transsexuel/le, dont l'état civil a été modifié, comme une union contractée avec *une personne d'un sexe différent* et non une union homosexuelle.

2. **La non-reconnaissance du concubinage.** — Privés du mariage, les couples homosexuels sont voués au concubinage qui dans la tradition de notre droit est un simple état de fait. Il est vrai que le même terme recouvre une infinité de réalités différentes : le concubinage ne comporte pas le même degré d'engagement, n'a pas le même sens, dans tous les cas. Toutefois lorsqu'il s'agit d'une communauté de vie stable et notoire, le concubinage accède progressivement au rang de situation juridique reconnue.

Cette évolution, qui est très remarquable dans certains pays étrangers, s'ébauche également en France[2], mais cela ne va pas sans bien des réticences, notamment lorsque les concubins sont de même sexe. En effet, le concubinage « reconnu » reste conçu sur le modèle du mariage dont il est en quelque sorte un avatar.

C'est ainsi que la Commission européenne considère à ce jour qu' « en dépit de l'évolution contemporaine des mentalités vis-à-vis de l'homosexualité, des relations homosexuelles durables (...) ne relèvent pas du droit au respect de la vie familiale protégé par l'article 8 de la convention »[3]. Néanmoins la Cour européenne a fait un pas en avant : elle vient de

1. Afin d'exclure une telle possibilité certaines législations étrangères, telle la loi allemande du 10 septembre 1980 ou la loi néerlandaise du 14 avril 1985, exigent du transsexuel/le qui sollicite un changement d'état civil qu'il soit célibataire.

2. F. Boulanger, *Droit civil de la famille, I : Aspects comparatifs internationaux,* Paris, Economica, 2e éd., 1997, nos 287 et s. ; I. Théry, *Couple, filiation et parenté aujourd'hui,* Paris, Odile Jacob, juin 1998.

3. Req. 9369/81, décision du 3 mai 1983, *Rec.,* vol. 32, p. 220 et req. 11716/85, décision du 14 mai 1986, *Rec.,* 47, p. 274.

reconnaître l'existence d'une « vie familiale » au sens de l'article 8 de la CEDH entre un transsexuel qui jouait aux yeux de tous le rôle de partenaire masculin et sa compagne, cette dernière ayant donné naissance à un enfant par insémination artificielle[1].

En revanche, par deux arrêts du même jour – le 11 juillet 1989 – la Cour de cassation a refusé de consacrer l'existence du concubinage homosexuel[2].

La première affaire concernait un steward de la compagnie Air France qui s'était vu refuser par son employeur le bénéfice d'un billet pour son compagnon alors que le statut du personnel prévoit que des billets sont accordés au personnel, « aux conjoints mariés et aux concubins en union libre ».

La seconde affaire concernait une femme assurée sociale et son amie. Cette dernière sollicitait le bénéfice de la loi du 2 janvier 1978 reconnaissant la qualité d'ayant droit « à la personne qui vit maritalement avec l'assuré social ». Les instances de la sécurité sociale avaient rejeté sa demande.

La Cour de cassation a considéré dans ces deux espèces que la vie commune de deux personnes « ayant décidé de vivre comme des époux, sans pour autant s'unir par le mariage (...) ne peut concerner qu'un couple constitué d'un homme et d'une femme ». Elle a donc clairement refusé d'assimiler le concubinage homosexuel au concubinage hétérosexuel.

L'avocat général avait conclu au rejet des deux pourvois. Il affirmait notamment : « Derrière le voile

1. Arrêt du 22 avril 1997 (75/1995/581/667) ; S. Evain, Le juge européen, le transexualisme et les droits de l'homme, *La Semaine juridique*, 1997, I, n° 4071, p. 523 et s. ; *Dalloz*, 1997, II, p. 583 et s., note S. Grataloup.

2. Cass. 11 juillet 1989, *Dalloz*, 1990, II, p. 582, note Malaurie ; *La Gazette du Palais*, 1990, II, p. 216 ; *JCP*, 1990, II, n° 21553, note M. Meunier ; *Revue de droit sanitaire et social*, 1990, p. 116, note M. Harichaux ; *RTD civ.*, janv.-mars 1990, p. 53, note Rubellin-Devichi ; sur les arrêts de la cour d'appel de Paris du 11 octobre 1985, *Dalloz*, 1986, II, p. 380, note D. Denis.

de quelques apparences fragmentaires et trompeuses, il apparaît qu'en l'état actuel des esprits et des mœurs la plus grande partie de la société quelle que soit sa classe sociale considérée, n'est pas disposée à compter l'homosexualité et les couples qu'elle engendre au nombre des institutions définies et protégées par la loi. » Il était cependant tout à fait possible d'adopter une position radicalement différente, ne serait-ce que dans la mesure où le terme concubinage issu du latin « concumbere » signifie simplement *coucher avec*[1]. Au demeurant, comme l'explique un auteur, *« Il ne s'agit pas de définir un mot (le concubinage) mais une situation, celle de deux individus qui vivent ensemble (et même qui couchent ensemble selon l'étymologie), rien n'empêche croyons-nous de les nommer concubins quel que soit leur sexe. »*[2]

Rien n'interdisait donc à la Cour de cassation de considérer, en 1989, que les homosexuel/les qui l'avaient saisie étaient effectivement des concubins, avec les conséquences que cela implique[3]. Introduire comme l'a fait cette Cour le critère de la différence des sexes revient à faire prévaloir en droit un préjugé dont le moralisme est évident. Mais cela résulte aussi de ce que traditionnellement les juristes considèrent que le concubinage est un décalque du mariage, donc de l'union d'un homme et d'une femme, avec pour élément fondamental la différence des sexes (v. *supra*, 1). Pourtant le concubinage, en réalité, *s'oppose au mariage* autant qu'il lui ressemble : que l'on songe à la coexistence fréquente d'un mariage et d'un concubinage adultérin...

1. *Dictionnaire étymologique de la langue française,* PUF, 10e éd. 1994, O. Bloch et W. von Wartburg, p. 148.

2. CA, Paris, 11 octobre 1985, *Dalloz*, 1986, 2, p. 384, note D. Denis.

3. M. Leveneur, *Situation de fait et de droit privé,* LGDJ, 1990, no 363.

Il reste que ce qui paraît avoir choqué la Cour dans les deux espèces, c'est l'homosexualité et non le concubinage. On peut même observer qu'en fin de compte, elle a – paradoxalement – assimilé le concubinage au mariage afin de « protéger » le premier contre l'homosexualité.

Le 17 décembre 1997, la Cour de cassation a, à nouveau, refusé le transfert du bail d'un homosexuel, mort du sida en 1992, à son compagnon et ce malgré une position favorable de l'avocat général[1].

Les décisions de la Cour de cassation ont une importance pratique incontestable même si elles ne sont pas systématiquement reprises à la lettre par les juridictions de première instance et d'appel. Les deux arrêts rendus en 1989 ont beaucoup contribué à fortifier l'exigence d'un statut légal de l'union homosexuelle. La décision du 17 décembre 1997 relance avec acuité la question de la reconnaissance légale du couple homosexuel (v. *infra,* chap. IV).

Enfin on rappellera que de nombreux maires acceptent de délivrer des « certificats de concubinage » aux couples homosexuels. Le « certificat de concubinage » ou l' « attestation d'union libre » est un acte dressé par le maire, sur la déclaration des concubins, en présence généralement de deux témoins et sur la présentation d'un justificatif de domicile : cet acte rapporte la déclaration de vie commune faite par les intéressés. Les maires n'ont aucune obligation de délivrer un tel certificat[2]. En cas de refus, les concubins ont uniquement la possibilité de saisir le juge

1. L'avocat général Jean-François Weber concluait de la manière suivante : « Sans attendre une éventuelle intervention du législateur, la simple interprétation de la loi *vous permet d'adapter votre jurisprudence à la réalité de la société actuelle* », *Dalloz,* 1998, II, p. 111 et s. ; voir aussi *Loyer et copropriété,* éd. Jurisclasseur, avril 1998, p. 4 et s., note B. Vial-Pedroletti ; B. Beigner, A propos du concubinage homosexuel, *Dalloz,* 1998, I, p. 215 et s.

2. Réponse à la question parlementaire n° 25678, *JO,* AN, 24 mars 1980, p. 1218.

d'instance afin de voir établir un « acte de notoriété » tendant aux mêmes fins[1].

Le certificat ou l'acte de notoriété ne confèrent directement aucun droit. Ils sont seulement des éléments d'appréciation de la situation d'un couple ainsi que le rappelle une réponse du ministre de la Justice à un parlementaire. « Le certificat de vie commune ne repose sur aucun texte législatif ou réglementaire (...). Il n'est pas envisagé de le légaliser car (...) les maires n'ont aucun moyen de s'assurer de la réalité de la situation alléguée (...). Le concubinage est une situation de fait qui se prouve par tous moyens, les certificats délivrés par le maire ne sauraient constituer qu'un simple renseignement. Les personnes ou organismes qui demandent de telles pièces sont libres de s'en contenter. »[2]

Néanmoins certains organismes – telle par exemple la SNCF – accordent à tous les couples hétérosexuels ou homosexuels indifféremment, les mêmes avantages sur présentation d'un certificat de concubinage.

3. **Les tentatives de détournement de l'adoption.** — Certains homosexuel/les peuvent être tentés d'utiliser l'institution de l'adoption simple (v. *supra*, chap. II, note p. 48) pour doter leur union d'un statut. Cette manœuvre est inefficace à partir du moment où transparaît la réalité de leurs relations. On se heurte derechef au modèle du mariage mais cette fois sous le signe de la prohibition de l'inceste. L'adoption entre époux est exclue *« parce qu'un même individu ne peut pas être à la fois le père et le mari de la même femme »*[3]. L'adoption ayant pour objet de créer un lien de filiation comparable à celui qui résulte des liens du sang, cet obstacle s'élève en principe très

1. C. P. Barrère, Le juge d'instance témoin du concubinage, *La Gazette du Palais,* 1989, I, p. 740.
2. Réponse à la question parlementaire n° 16823 du 25 juillet 1996.
3. *Revue trimestrielle de droit civil,* 1984, p. 306.

rigoureusement sur la voie des adoptions qui recèlent une liaison hétérosexuelle ou homosexuelle.

Les tribunaux ont d'abord eu à connaître d'espèces concernant des relations hétérosexuelles. Ainsi, en 1981 la cour d'appel de Riom a été saisie de la demande d'adoption déposée par un homme marié, âgé de 77 ans, de sa compagne âgée de 31 ans dont il avait eu un enfant. Les conditions relatives à l'âge et au consentement étaient remplies ; le requérant ne cachait nullement la nature de sa relation et son souhait de se retirer de la vie des affaires afin de laisser sa succession à sa compagne.

La Cour a, cependant, rejeté cette demande qui était « de toute évidence contraire au but poursuivi par le législateur », car en l'espèce accepter la requête « reviendrait à permettre l'adoption par une personne, d'une autre personne avec laquelle on a vécu et on continue de vivre »[1].

Peu après les tribunaux ont été saisis de demandes d'adoption correspondant à des liaisons entre personnes du même sexe. Le 3 février 1982, le tribunal de grande instance de Paris, saisi de la demande d'un homme né en 1930 d'adopter un autre homme né en 1958, avait estimé qu' « on ne saurait, sous couvert d'adoption, consacrer des relations qui ne correspondent en rien à la finalité de l'institution. » Il a rejeté la demande d'adoption. La cour d'appel de Paris saisie à son tour, a infirmé le jugement en « considérant que les conditions requises pour l'adoption simple sont remplies et que contrairement à l'appréciation qui en a été faite par les premiers juges il apparaît que l'adoption est conforme à l'intérêt » de l'adopté[2]. Mais si la Cour a tranché en ce sens c'est parce qu'elle a estimé qu'en l'espèce la preuve du

1. P. Raynaud, Un abus de l'adoption simple : les couples adoptifs, *Dalloz*, 1983, 1, p. 39 et s.

2. CA, Paris, 2 juillet 1982, *Dalloz*, 1983, I, p. 41.

caractère homosexuel de la relation n'était pas établie avec évidence.

En effet, les tribunaux n'hésitent pas à écarter les demandes d'adoption dont il leur semble qu'elles ne correspondent pas à la finalité de l'institution mais ont pour objet de resserrer des liens homosexuels. Ainsi la cour d'appel de Paris a rejeté une telle demande alors que l'adoptant avait recueilli le candidat à l'adoption durant six ans et avait subvenu à tous ses besoins mais s'était abstenu d'assurer son éducation en ne lui dispensant aucune formation scolaire ou universitaire, entravant ainsi son émancipation. Elle a considéré compte tenu des circonstances de l'espèce – et sans d'ailleurs jamais nommer l'homosexualité – que l'adoption n'était conforme ni à l'intérêt de l'adopté ni à la finalité de l'institution[1].

Cette jurisprudence est constante pour les couples tant hétérosexuels qu'homosexuels[2]. Elle a été encore récemment appliquée par la Cour de Paris dans un arrêt du 19 janvier 1993. L'adoptant, déçu par l'attitude de l'adoptée, sollicitait la révocation de l'adoption. Sa requête a été rejetée car l'adoptant invoquait sa propre fraude, puisqu'il reconnaissait avoir utilisé l'adoption pour consacrer des liens de couple[3].

Pour combattre ce détournement de l'institution, certains auteurs ont suggéré une modification de la loi sur l'adoption en imposant à l'adoptant d'avoir accueilli l'adopté durant sa minorité pendant une durée d'au moins six années[4]. Mais la récente modification législative du 5 juillet 1996 ne reprend pas

1. CA, Paris, 24 juin 1988, *Dalloz*, 1988, IR, p. 225.
2. CA, Paris, 1er février 1990, *Dalloz*, 1990, IR, p. 43 : en l'espèce la demande d'adoption a été rejetée car elle est uniquement destinée à *« resserrer davantage les liens d'affection qui existent entre l'adoptant et l'adopté »*.
3. *Revue trimestrielle de droit civil*, avril/juin 1993, p. 340, n° 22.
4. *Dalloz*, 1983, I, p. 39.

cette suggestion. Le législateur n'a pas souhaité pénaliser la majorité des demandeurs à l'adoption sous prétexte d'empêcher quelques utilisations non conformes à sa finalité. Il laisse au juge le soin de discerner entre vraies demandes d'adoption et les « unions adoptives ».

La voie de l'adoption est donc fermée à ceux qui souhaitent consacrer par ce biais un lien de couple et ce quel que soit le sexe des requérants[1]. Les tentatives de recourir à l'adoption sont un symptôme d'une demande pressante d'un instrument juridique approprié pour organiser la vie d'un couple d'homosexuel/les.

II. — L'inorganisation de la vie commune

On vient de voir que dans l'état présent de notre droit, les couples d'homosexucl/les vivent une situation de pur fait : à la différence du mariage, cette situation se caractérise par l'absence d'effets juridiques spécifiques. Toutefois, les règles ordinaires, dites « règles de droit commun », font produire à certains aspects de la communauté de vie – qu'elle soit d'ailleurs homosexuelle ou non – des effets tout aussi ordinaires qui peuvent être invoqués utilement. Enfin ces mêmes règles de droit permettent aux couples homosexuels qui le veulent – et qui le peuvent – de donner un minimum d'organisation à leur union.

1. **L'absence d'effets spécifiques.** — Le mariage entraîne des effets juridiques spécifiques fondés notamment sur de très nombreux textes du Code civil. Ces textes précisent les droits et les devoirs des époux (art. 203 à 220), les conditions d'établissement de la filiation des enfants communs (art. 312 à 328),

1. *La Semaine juridique*, éd. G, 1993, I, n° 3665, note F. Boulanger ; J. Hauser, L'adoption à tout faire *Dalloz*, 1987, I, p. 205 et s.

la vocation successorale du survivant (art. 765 à 767), le régime applicable aux biens (art. 1387 à 1571), etc.

L'union homosexuelle n'a aucun effet comparable, ce qui n'est pas toujours sans intérêt pour les partenaires. A cet égard, ils sont le plus souvent logés à la même enseigne que les concubins hétérosexuels (v. *infra* A à F) mais ils sont aussi parfois différemment traités – ce qui est injustifié (v. *infra* G).

A) *Absence de droit sur l'enfant du partenaire.* — La loi française dispose que seuls le père et la mère biologique, qui ont reconnu l'enfant, ont des droits et des devoirs à l'égard de ce dernier. Ainsi une femme, mère d'un enfant, *qui vit avec un homme qui n'est pas le père,* est la seule à avoir des droits et des devoirs vis-à-vis de son enfant. Il en est de même dans un couple d'homosexuel/les.

La Commission européenne a été saisie de cette question dans une affaire C. Kerkhoven, A.-M. Hinke et S. Hinke c/ Pays-Bas[1]. Les faits sont les suivants : deux femmes lesbiennes et le fils de l'une d'elle ont sollicité du juge néerlandais l'exercice *par le couple* de l'autorité parentale sur l'enfant. Le juge néerlandais s'appuyant sur la loi hollandaise, qui prévoit que des parents célibataires peuvent exercer l'autorité parentale lorsqu'il y a des liens familiaux et juridiques avec l'enfant, rejette la demande en considérant que ces liens n'existent pas dans ce cas. Les deux femmes et l'enfant saisissent la Commission européenne en invoquant une violation, par la loi néerlandaise, de l'article 8 de la CEDH qui garantit notamment le droit à une vie familiale. La Commission a d'abord relevé que la législation néerlandaise n'empêchait pas les trois requérants de vivre ensemble ; La Commission note ensuite que l'absence de lien avec la première

1. Req. 15666/89, décision du 19 mai 1992, non publiée cf. *Dossier des Droits de l'homme,* n° 14, éd. du Conseil de l'Europe, 1995, p. 19.

requérante, Mme Kerkhoven, pouvait avoir une importance pratique en cas de décès de la mère de l'enfant, ce qui ne l'empêche pas de considérer que la loi néerlandaise ne constitue pas une ingérence dans le droit des requérants au respect de leur vie familiale et privée.

B) *Le concubinage avec un ressortissant étranger.* — L'homosexuel/le étranger tout comme l'hétérosexuel/le étranger qui vit en concubinage avec un ressortissant français n'a aucun droit au séjour ou à la nationalité. Il n'est pas davantage protégé contre une reconduite à la frontière quand bien même le concubinage aurait plus d'un an d'effectivité. En revanche l'étranger marié à un/e ressortissant/e français/e a un droit au séjour ou à la nationalité, tout comme il est protégé d'une reconduite à la frontière au bout d'un an de vie commune[1].

C) *Le service militaire.* — L'article R 56 du Code du service national dispose que les jeunes gens peuvent ne pas accomplir leur service militaire, en qualité de soutien de famille. La situation s'apprécie en fonction du lien de parenté qui les unit aux personnes dont ils ont la charge effective et qui sont définis de la manière suivante :

« 1° enfants à charge (...) , épouse, frères ou sœurs,
« 2° ascendants et beaux parents (...)
« 3° personnes autres que celles visées ci-dessus

1. L'article 12*bis* 7° de la loi Chevènement du 11 mai 1998 prévoit l'attribution d'un titre de séjour d'un an mention « vie privée et familiale » à « l'étranger (...) dont les liens personnels et familiaux en France sont tels que le refus d'autoriser son séjour porterait à son droit au respect de sa vie privée et familiale une atteinte disproportionnée au regard des motifs de refus ». La criculaire d'application de la loi précise à propos du concubinage : « Il convient de noter qu'au regard de l'appréciation de l'existence d'une vie familiale, il n'y a pas de différence substantielle entre le mariage et le concubinage. » Elle ne fait pas mention de l'homosexualité. On peut en déduire que cette carte ne sera pas délivrée aux concubins homosexuels.

mais ayant avec les intéressés un lien de parenté jusqu'au 3e degré inclus. »

La qualité de soutien de famille ne peut donc être invoquée au bénéfice d'un concubin, qu'il soit ou non homosexuel.

D) *L'absence de contribution aux charges du ménage.* — Alors que chacun des époux est tenu de contribuer aux charges du ménage à proportion de ses ressources, les concubins quelle que soit leur orientation sexuelle n'ont aucune obligation légale de le faire. Le concubinage peut apparaître, ici, aux yeux de certains, comme un avantage.

E) *Les relations avec les créanciers.* — Chacun des concubins est tenu de régler les dettes qu'il a contractées. Le partenaire ne saurait être recherché pour payer les dettes contractées par l'autre partenaire, sauf s'il s'est engagé conjointement ou solidairement avec lui. Dans ce dernier cas seulement, le créancier peut poursuivre en paiement l'un ou l'autre des contractants. En revanche les époux sont, eux, solidairement tenus aux dettes contractées par l'un d'eux pour l'entretien du ménage[1].

F) *Les relations avec l'administration fiscale.* — L'administration fiscale ne reconnaît pas le concubinage, qu'il soit homosexuel ou hétérosexuel. Les déclarations d'impôt ont lieu séparément[2] ; en contrepartie, il n'existe pas de solidarité fiscale de sorte que l'administration ne peut rechercher le paiement de l'impôt de l'un des concubins sur le patrimoine de l'autre.

1. G. Bach-Ignasse, Le couple homosexuel face au bailleur, aux créanciers, à la sécurité sociale et à l'administration fiscale, *Les Petites Affiches*, 10 août 1994, p. 29 et s.

2. La loi de finance pour 1998 prévoit une déclaration commune des concubins à compter du 1er janvier 1999 s'ils ont « obtenu pendant deux années consécutives une attestation de concubinage notoire ».

En ce qui concerne la déductibilité des frais réels professionnels, le Conseil d'État vient de rendre, le 10 décembre 1996, un avis aux termes duquel le « contribuable ayant ou non des enfants dont le domicile où demeure aussi son conjoint ou la personne avec laquelle il vit en concubinage de manière stable et continue, est éloigné de la localité ou il travaille mais proche du lieu où ce conjoint ou cette personne exerce sa propre activité professionnelle » peut procéder à la déduction des frais réels[1]. Pour le moment rien ne permet de dire que cette possibilité sera appliquée aux couples d'homosexuel/les.

On notera enfin qu'en ce qui concerne l'impôt sur les grandes fortunes les concubins *notoires* doivent faire une déclaration commune. Ceci ne s'applique pas aux concubins homosexuel/les qui, selon une réponse ministérielle de 1983, sont exclus de cette obligation de déclaration commune.

Parallèlement, il est des situations où le concubinage homosexuel est moins bien traité que le concubinage hétérosexuel : il s'agit principalement des relations avec le bailleur.

G) *Les relations avec le bailleur.* — La situation est la suivante : un couple d'homosexuel/les vit dans un appartement loué par un seul des partenaires. Ce dernier décède. Le concubin survivant peut-il invoquer à son profit les dispositions relatives à la cotitularité du bail ? Peut-il bénéficier du transfert du droit au bail ?

La cotitularité du contrat de bail. Les concubins homosexuels ne peuvent invoquer à leur profit la règle de la cotitularité du contrat de bail, prévue par l'article 1751 du Code civil qui dispose : « Le droit au bail du local sans caractère professionnel ou commercial, qui sert effectivement à l'habitation des deux

1. CE, 10 décembre 1996 - 146623 - Mme Delmarre, l'européenne de données JADE.

époux est, quel que soit le régime matrimonial et nonobstant toute convention contraire, et même si le bail a été conclu avant le mariage, réputé appartenir à l'un et l'autre des époux. »

Le tribunal d'instance de Privas dans un jugement du 7 septembre 1993 a rappelé que les concubins homosexuels ne pouvaient invoquer cette règle, qui ne peut s'appliquer qu'aux personnes mariées[1]. Cette décision est parfaitement orthodoxe sur le plan juridique puisque les dispositions de l'article 1751 sont claires. Elles ne concernent que les couples mariés et ne sauraient être appliquées aux couples homosexuels, qui n'ont pas accès au mariage.

Le transfert du droit au bail. La Commission européenne a été saisie, il y a plus d'une dizaine d'années, de cette question dans une affaire S c/ Royaume-Uni[2]. La situation était la suivante : deux femmes vivaient ensemble dans un logement municipal loué par l'une d'elles. Cette dernière décède. Sa compagne doit quitter le logement. Elle saisit la Commission en invoquant une violation de l'article 8 de la CEDH par la loi britannique. Elle se plaint d'une discrimination puisque le survivant hétérosexuel aurait conservé la location en vertu de la loi britannique de 1980 sur l'habitat.

La Commission a considéré qu'il n'y avait pas ingérence dans la vie privée de la requérante puisqu'en l'espèce sa partenaire était décédée. Elle a, par ailleurs, relevé que la requérante n'ayant aucun lien avec le bailleur ne pouvait prétendre rester dans les lieux après le décès de sa compagne. Enfin, la Commission a conclu, en ce qui concerne le grief de discrimination, qu'il n'existait pas car la protection plus grande accordée à la vie familiale hétérosexuelle par

1. TI Privas, 7 septembre 1993, cf. *Revue trimestrielle de droit civil*, janvier/mars 1994, p. 81.

2. Req. 11716/85, décision du 1er mai 1986, non publiée cf. *Dossier des Droits de l'homme*, n° 14, éd. du Conseil de l'Europe, 1995, p. 23.

la loi de 1980 était objective et raisonnable : la famille méritant une protection spéciale dans la société.

En droit interne, les différentes lois qui se sont succédé depuis 1982 et qui régissent les rapports entre bailleurs et locataires ont toujours prévu un transfert du droit au bail au concubin notoire, vivant avec le titulaire du contrat de bail depuis un an, lorsque ce titulaire abandonne le logement ou décède.

Très vite, les juridictions ont refusé de considérer que les homosexuel/les pouvaient se prévaloir de ce droit. Ainsi sous l'empire de la loi du 22 juin 1982, la cour d'appel de Paris, après avoir relevé que l'article 16 de la loi prévoyait qu'en cas de décès le contrat de location est transféré au *« concubin notoire »* vivant effectivement avec le titulaire du bail depuis au moins un an, a estimé que « si donc l'existence de couples homosexuels stables vivant ensemble constitue un fait social, une telle situation ne peut être tenue pour créatrice de droit ; le “compagnon” du locataire décédé ne peut donc bénéficier des dispositions » relatives au transfert de bail[1].

Sous l'empire de la loi du 23 décembre 1986, la cour d'appel de Paris a confirmé sa position : « S'il résulte de dispositions de l'article 13 de la loi du 23 décembre 1986, reprises par l'article 14 de la loi du 6 juillet 1989, que lors du décès du locataire, le contrat de location continue au profit du concubin notoire qui vivait avec lui depuis au moins un an, ce droit ne saurait être valablement invoqué par celui qui se prévaut d'une liaison homosexuelle ayant existé entre lui et le locataire décédé. En effet au sens des textes précités le concubinage ne désigne que l'état d'un homme et d'une femme qui vivent ensemble sans être mariés. »[2]

1. CA, Paris, 27 mai 1986, *Dalloz*, 1986, IR, p. 436.

2. CA, Paris, 10 mai 1990, *Dalloz*, 1990, IR, p. 306, voir aussi CA, Paris, 9 mai 1990, *Dalloz*, 1990, IR, p. 153.

Aujourd'hui, l'article 14 de la loi du 6 juillet 1989, qui régit les rapports entre bailleurs et locataires, dispose qu'en cas d'abandon du domicile par le locataire ou de décès du locataire, le contrat continue au profit notamment « du concubin notoire ou des personnes à charge qui vivaient avec lui (le locataire) depuis au moins un an à la date d'abandon du domicile » ou « du décès ». Mais dans la mesure où la Cour de cassation a refusé, le 11 juillet 1989, de considérer qu'une relation homosexuelle puisse être qualifiée de concubinage, les cours d'appel ont, à leur tour, refusé *d'accepter que le concubin de l'homosexuel/le titulaire du droit au bail, puisse bénéficier de la continuation ou du transfert du droit au bail à son profit, en cas d'abandon du domicile ou de décès.*

Sur un plan pratique, ces refus ont créé des situations humaines difficiles – ce qui a conduit le législateur à modifier la loi. Ainsi l'article 48 de loi du 27 janvier 1993 instaurait le droit au transfert du bail pour les personnes vivant à la charge du locataire en titre en cas d'abandon ou de décès. Cet article a été censuré par le Conseil Constitutionnel pour des raisons de procédure[1]. En l'état actuel du droit positif, il n'existe donc aucun droit pour le concubin homosexuel non titulaire du droit au bail de bénéficier du transfert de ce dernier en cas d'abandon ou de décès. Ce sont toujours les Tribunaux qui déterminent le sort du bail en cas de litige. L'examen des décisions montre une divergence d'appréciation entre les juridictions de première instance, qui considèrent parfois que le droit au bail peut être transféré au concubin homosexuel survi-

1. Décision 92-317 DC, 21 janvier 1993. Selon une jurisprudence constante le Conseil Constitutionnel invalide les dispositions votées dans un texte législatif qualifié de « fourre tout ». En l'espèce, les dispositions instaurant le droit au transfert du bail auraient dû être votées dans le cadre d'un projet ou d'une proposition de loi concernant les rapports bailleurs/locataires.

vant et les cours d'appel qui refusent fermement ce transfert.

La position des juges de première instance. Le tribunal d'instance du 4e arrondissement de Paris, dans un jugement du 5 août 1993, a considéré qu' « il résulte des pièces du dossier (...) que le concubinage homosexuel de X... et Y... était notoire et stable depuis plusieurs années. L'évolution des mœurs a désormais donné au terme de concubinage le sens de cohabitation de couple n'y attachant plus, comme auparavant, la nécessité d'une différence de sexe entre les partenaires du couple pour reconnaître la réalité de la situation vécue. Il serait contraire à la protection due à la vie privée de restreindre le champ d'application de la loi par une discrimination fondée sur la sexualité des personnes considérées ». Le tribunal conclut : « au décès de Y... le bail dont il était titulaire a été transféré à son concubin X... aux mêmes clauses et conditions »[1].

De même, le tribunal d'instance d'Aubervilliers a rendu le 12 septembre 1995 un jugement remarquable où l'on voit clairement quel a été, étape par étape, le raisonnement suivi : « Le tribunal, sans faire de morale, rappellera néanmoins que des situations qui il y a encore trente ans, étaient considérées comme illégales, immorales voire même scandaleuses comme l'union libre, la naissance d'un enfant en dehors du mariage ou la naissance d'un enfant par une femme mariée alors que le père n'est pas l'époux, sont à ce jour devenues des états de fait légalement reconnus et juridiquement organisés (...)

Attendu donc qu'aujourd'hui une relation stable et durable entre deux personnes de même sexe n'est plus

1. TI 4e, 5 août 1993, non publiée. Cette décision a été infirmée par la cour d'appel de Paris. La Cour de cassation qui a été saisie de ce dossier a refusé le 17 décembre 1997 d'assimiler le concubinage homosexuel au concubinage hétérosexuel, Cass., 17 décembre 1997, *Dalloz,* 1998, II, p. 111 et s.; voir aussi *Dalloz,* 1998, I, p. 215 et s.

considérée comme un trouble à l'ordre public et à la morale collective (...)

Attendu que le concubinage n'est pas l'objet d'une définition légale mais uniquement jurisprudentielle (...) Attendu que cette définition jurisprudentielle peut suivre l'évolution des mœurs et de la société, le concubinage étant une situation de fait à la différence du mariage qui est une institution légale.

Attendu que le concubinage suppose une relation stable et durable empreinte d'affection et d'entraide ; entraide que M. X... a dû particulièrement apporter à son compagnon dans la maladie qui l'a emporté.

Attendu que dès lors le tribunal estime qu'il n'y a pas lieu d'effectuer une distinction entre le concubinage hétérosexuel et homosexuel dès lors que les éléments de durée et de stabilité et de vie commune et partagée sont prouvés comme cela est le cas en l'espèce.

Attendu que si une distinction était faite cela équivaudrait à une discrimination fondée sur la pratique sexuelle homosexuelle qui bénéficie en France à notre époque d'une tolérance certaine et à porter un jugement moral sur la vie privée des particuliers.

Attendu dès lors que le tribunal estime que M. X... peut se prévaloir de la qualité de concubin et alléguer le bénéfice de l'article 14 de la loi du 6 juillet 1989 qui lui sera reconnu[1].

Enfin, le tribunal d'instance de Toulouse a, le 20 septembre 1996, accepté le transfert du bail à un concubin homosexuel après avoir relevé notamment que le législateur ne définissait pas la notion de concubin notoire et que certains droits étaient reconnus aux concubins de même sexe : qualité d'ayant droit d'un assuré social et indemnisation du fait de la perte du partenaire[2].

1. TI, Aubervilliers, 12 septembre 1995, non publiée.
2. TI, Toulouse, 20 septembre 1996, non publiée.

La position des tribunaux d'instance, peut-être parce qu'ils sont proches du justiciable, est différente de celle des cours d'appel. La cour d'appel de Paris, dans plusieurs décisions, a estimé que la communauté de vie entre homosexuel/les n'est pas un concubinage. Ainsi dans un arrêt du 9 juin 1995 elle considère : « que si l'article 14 de la loi du 6 juillet 1989 a étendu à la situation du concubinage notoire certains droits attachés à l'état de mariage et au lien familial, il ne découle d'aucune disposition de ce texte que le législateur, qui ne s'est attaché qu'à définir des rapports locatifs, se soit aventuré dans la matière du droit des personnes au point d'étendre le concept de concubinage à une union de nature non reconnue à ce jour par la loi, la jurisprudence ou l'erreur commune »[1].

L'embarras des magistrats est clair. Ils demandent implicitement au législateur une intervention qui ne serait, sans doute, pas nécessaire s'ils avaient usé de leur pouvoir. En effet les tribunaux ont pour mission d'interpréter les éventuels silences de la loi. A moins de considérer les arrêts de la Cour de cassation du 11 juillet 1989 comme des arrêts de règlement[2] – conception totalement prohibée par la loi – rien n'interdit aux juges de procéder à une analyse du concubinage différente de celle prônée par la Cour de cassation, comme l'a fait par exemple le juge d'instance d'Aubervilliers dans la décision reproduite ci-dessus[3].

1. *Revue trimestrielle de droit civil,* juillet/septembre 1995, p. 607 ; *Jurisclasseur loyers coprop,* janvier 1996, p. 4, n° 10 ; voir aussi dans le même sens CA, Paris, 22 mars 1995, *Dalloz*, 1996, som., p. 367 et *Jurisclasseur loyers coprop,* novembre 1995, p. 5, n° 462.

2. Les juges ne peuvent édicter dans leur décision *une règle générale* qui aurait dans l'avenir valeur de loi pour des affaires similaires, cf. loi du 16 et 24 août 1790 et art. 5 du Code civil.

3. G. Fau et A. Porte, Locaux d'habitation. Cohabitation, concubinage, homosexuels, *Revue Annales des loyers,* 1991, p. 577.

2. **Les effets résultant de l'application des règles de droit commun.** — A défaut d'effets juridiques spécifiques, l'union homosexuelle doit – au moins – produire les effets que les règles de droit commun attachent à toute communauté de vie : s'il en allait autrement, on serait en présence d'une discrimination fondée sur l'orientation sexuelle. La question se pose essentiellement en matière de responsabilité civile et de droit aux prestations de la Sécurité sociale.

A) *L'indemnisation en cas de décès du compagnon.* — Supposons que l'un des partenaires du couple d'homosexuel/les soit blessé ou même tué dans des circonstances propres à engager la responsabilité civile d'un tiers. La question se pose alors de savoir si le partenaire de la victime peut obtenir réparation du préjudice moral et matériel qu'il éprouve « par ricochet » du fait de l'invalidité ou de la disparition de la dite victime. De nos jours le droit à réparation est reconnu sans difficulté au conjoint comme aux personnes qui ont un lien de parenté avec la victime. Mais l'extension de ce droit aux concubins résulte d'une lente et pénible évolution.

La question s'est d'abord posée à propos du concubinage hétérosexuel. En 1937, la chambre civile de la Cour de cassation avait rejeté la demande de dommages-intérêts formée par une concubine, contre le responsable du décès de son compagnon. En effet, jugeait la chambre civile, pour avoir droit à réparation il fallait se prévaloir de la lésion d'un *« intérêt légitime juridiquement protégé »* ; ce n'était pas le cas en l'espèce puisque, selon la Cour, la requérante vivait en dehors des liens du mariage. Cependant en 1959, la chambre criminelle de la même Cour, saisie d'un cas semblable, abandonnait l'exigence de la « légitimité » de l'intérêt lésé. Elle admettait, par conséquent, l'indemnisation de la concubine lorsque son préjudice était certain, ce qui était le cas dès lors que le concubinage était certain et stable. L'hypothèse d'une relation adultérine restait pourtant réservée[1].

Il fallut attendre 1970 pour qu'un arrêt de « chambre mixte » vienne unifier les positions des chambres civile et criminelle. Désormais, il résulte du droit commun de la responsabilité civile que la concubine a droit à réparation en raison du préjudice qu'elle subit du fait de la perte de son compagnon alors même que celui-ci était, en l'espèce, marié[2].

Parallèlement à la position de la Cour de cassation, le Conseil d'État admet aussi, depuis 1978, l'indemnisation du concubin hétérosexuel[3].

En revanche les demandes des concubins homosexuels ont longtemps été rejetées. Pourtant l'évolution amorcée en 1959 se poursuit à leur profit : un jugement du tribunal correctionnel de Belfort a reconnu, le 25 juillet 1995, un droit à réparation dans les circonstances suivantes[4].

Un automobiliste est poursuivi pour avoir tué accidentellement une femme qui circulait à bicyclette. Elle vivait en concubinage homosexuel depuis vingt ans. Sa compagne a demandé à la fois la réparation de son préjudice moral et de son préjudice matériel.

Le tribunal a relevé qu' « Il résulte en l'espèce des éléments du dossier que Mme X... et Mme Y... étaient liées par des relations amoureuses depuis environ 20 ans et qu'elles menaient une vie totalement commune au point d'avoir acheté, en 1983, leur immeuble d'habitation en commun. Par ailleurs Mme Y... avait par testament institué Mme X... légataire universel de tous ses biens. La rupture brutale d'une union aussi

1. Crim., 24 février 1959, *La Semaine juridique,* éd. G, 1959, II, 11095.

2. Chambre mixte, 27 février 1970, *La Semaine juridique,* éd. G, 1970, II, 16305.

3. CE, 3 mars 1978, *Recueil Lebon,* p. 116.

4. *La Semaine juridique,* éd. G, 1996, I, n° 3903 p. 60 et *La Semaine juridique,* éd. G, 1996, II, n° 22724, note C. Paulin ; *Les Petites Affiches,* 2 mars 1998, p. 13, note I. Corpart.

stable, sérieuse et fidèle n'a pu qu'entraîner pour Mme X... une importante souffrance morale. » Le tribunal accorde en conséquence, comme il le ferait pour des concubins hétérosexuels, réparation du dommage moral éprouvé par la survivante.

En ce qui concerne le dommage matériel le tribunal retient que « la totale communauté de vie (...) avait nécessairement entraîné une communauté économique (...) ; cette communauté s'est vue à la suite du décès de Mme Y... diminuée des traitements de cette dernière ». Il en conclut que Mme X... a subi du fait du décès un préjudice économique *qu'il évalue selon un barème identique à celui du mariage.*

On peut donc dire aujourd'hui que le concubin homosexuel peut invoquer, avec certaines chances de succès, les règles ordinaires de la responsabilité civile, de la même manière que le concubin hétérosexuel ou le conjoint en cas de décès du partenaire.

On assiste à une évolution comparable en matière de sécurité sociale, du moins en ce qui concerne certaines prestations d'assurance maladie.

B) *Les prestations de la sécurité sociale.* — L'assurance maladie a pour objet d'indemniser l'assuré social de la perte de son salaire (prestation en espèce : indemnités journalières) et de lui permettre de faire face aux soins médicaux (prestations en nature). La décision de la Cour de cassation du 11 juillet 1989[1], qui a refusé d'admettre au bénéfice de la qualité d'ayant droit la compagne d'une femme assurée sociale, a conduit le législateur à modifier la réglementation. L'article 78 de la loi du 27 janvier 1993 prévoit la prise en charge des prestations en nature (frais médicaux et para médicaux uniquement) de la personne vivant avec l'assuré social. Le décret d'application de

1. M. Meunier, Homosexualité et vie maritale au regard de la sécurité sociale, *Les Petites Affiches*, 10 août 1994, p. 16 et s.

la loi[1] est venu préciser les conditions de cette affiliation en précisant que cette possibilité est offerte à la personne « qui vit depuis *douze mois consécutifs avec un assuré social* et se trouve à la charge effective, totale et permanente » de cet assuré (art. L 161-14, al. 2 et R 161-8-1 du Code de la Sécurité sociale).

Cette disposition qui écarte le critère de la distinction des sexes, permet par voie de conséquence au concubin homosexuel non affilié, de bénéficier de la qualité d'ayant droit d'un assuré social, en ce qui concerne les prestations en nature de l'assurance maladie.

En pratique pour bénéficier de cette disposition, il convient de remplir la déclaration sur l'honneur de vie commune et de la remettre à la caisse primaire d'assurance maladie dont dépend le concubin homosexuel, assuré social. Cette déclaration doit être renouvelée tous les ans[2].

Les autres prestations dues au titre des assurances sociales ne posent, en principe, aucun problème particulier, à l'exception de l'assurance vieillesse.

L'assurance maternité a pour objet de couvrir les différents frais occasionnés par la maternité. La concubine homosexuelle non affiliée peut y prétendre dès lors que cette dernière vit avec une assurée sociale et se trouve à sa charge effective, totale et permanente[3].

L'assurance invalidité compense partiellement une perte de ressources résultant d'une incapacité de tra-

1. Décret n° 93/678 du 27 mars 1993.

2. *Protection sociale,* Lamy, 1998, n°s 1623 et 1633. Une lecture attentive de l'article L 161-14 montre toutefois que les concubins homosexuels sont moins bien traités que les époux et les personnes qui vivent maritalement, puisqu'ils *doivent attendre un an de concubinage pour pouvoir prétendre être affiliés.* Or, les concubins hétérosexuels sont affiliés dès qu'ils rapportent la preuve de leur vie commune et le conjoint peut être affilié dès qu'il est en possession de l'acte de mariage.

3. *Protection sociale,* Lamy, 1998, n° 1765. Ceci ne concerne que les prestations en nature.

vail non professionnelle. Elle n'est pas accordée au concubin homosexuel en qualité d'ayant droit de l'assuré social. En effet, l'assurance invalidité est accordée dans les mêmes conditions que le versement des prestations en espèce de l'assurance maladie (indemnités journalières), qui sont subordonnées *soit à la justification d'une certaine durée d'emploi soit à la justification d'une certaine cotisation*[1].

L'assurance vieillesse proprement dite est versée proportionnellement aux cotisations payées par l'assuré. Les concubins homosexuels ou hétérosexuels sont *exclus du bénéfice de la pension de reversion*. En effet, cette dernière est versée selon les conditions suivantes :

— avoir atteint l'âge de 55 ans,
— être marié depuis deux ans ou être divorcé non remarié ou être conjoint d'un assuré qui a disparu,
— ne pas disposer de ressources personnelles dépassant le montant annuel du SMIC[2].

Enfin l'assurance décès constituée d'un capital versé aux proches du de cujus. Il suffit que celui-ci ait occupé un emploi salarié pendant une certaine période. Si les conditions sont remplies, le capital est, en principe, versé aux personnes qui étaient au jour du décès à la charge effective, totale et permanente de l'assuré, ce qui inclut les concubins homosexuel/les, sous réserve de ne pas dépasser un certain niveau de ressources[3].

En ce qui concerne les prestations familiales, on peut dire qu'il n'y a pas de difficulté, à une curieuse exception près. Ces prestations ont été instaurées, initialement, d'une part pour assurer une certaine solidarité entre les membres de la société et d'autre part

1. *Protection sociale,* Lamy, 1998, n°s 1826 et 1827.
2. *Protection sociale,* Lamy, 1998, n°s 2400 et 2401.
3. *Protection sociale,* Lamy, 1998, n° 1857 à 1860.

pour assurer le renouvellement démographique de la population. Aujourd'hui, outre ces objectifs, certaines prestations ont des finalités plus larges telles que le logement ou la scolarité. Ces prestations sont versées, en principe, à la personne qui assume la charge effective et permanente de l'enfant sans égard pour son orientation sexuelle.

C'est le cas de l'allocation pour jeune enfant qui est versée, en fonction de ses ressources, à toute femme enceinte, du quatrième mois de la grossesse au troisième mois de la naissance.

C'est également le cas pour les allocations familiales, le complément familial, l'allocation de soutien familial, l'allocation d'adoption et l'allocation parentale d'éducation, qui sont des prestations de soutien à la famille. Elles sont versées aux parents en fonction du nombre d'enfant, en tenant compte parfois des ressources et de la durée de l'exercice professionnel[1].

En revanche l'allocation de parent isolé fait l'objet d'une discrimination à rebours. Cette allocation garantit un revenu familial minimum. Pour en bénéficier, il faut avoir un ou plusieurs enfants à charge, avoir des ressources inférieures à un certain seuil *et vivre seul.* Une circulaire de la CNAF du 23 mars 1992 prévoit que le concubin homosexuel peut percevoir cette allocation parent isolé car on estime que son concubinage n'existe pas. Ceci est la conséquence de la jurisprudence de la Cour de cassation qui refuse de voir un concubinage dans le couple d'homosexuel/les[2].

La vie commune a, normalement, des incidences patrimoniales. Elle engendre facilement une sorte de communauté de biens qui se constitue « en fait ». L'absence de statut juridique du concubinage est à cet égard, une source de difficultés qui se présenteront,

1. *Protection sociale,* Lamy, 1998, n° 1885 à 1889.
2. *Droit de la famille,* Paris, Dalloz, 1996, n°s 2394 et s.

en pratique lors de la liquidation du patrimoine commun, en cas de séparation ou de décès, ou encore lorsque l'on se préoccupe de transmettre tout ou partie des biens du couple. Il existe néanmoins dans notre droit des moyens de s'organiser.

III. — Les instruments juridiques offerts par les règles de droit commun pour la gestion des biens

1. **La constitution d'un patrimoine.** — Les concubins qui acquièrent des biens en commun relèvent *ipso facto* du régime de l'indivision ordinaire (art. 815 et s. C. civ.) qui est extrêmement sommaire. Ils peuvent donc avoir intérêt – surtout lorsque le patrimoine est important – à perfectionner ou à écarter ce régime au moyen d'une « convention d'indivision », d'un « pacte tontinier » ou d'une société civile.

La convention d'indivision (art. 1873-1 et s. C. Civ.) est en principe constituée pour une durée limitée de cinq ans mais renouvelable. Si la durée n'est pas déterminée, chacune des parties peut y mettre fin à tout moment en provoquant le partage. Cette convention désigne celui des concubins qui gère l'indivision et fixe les conditions dans lesquelles les décisions sont prises. La convention prévoit généralement la faculté, pour le survivant, d'acquérir la quote-part du pré-décédé, ce qui instaure une véritable attribution préférentielle du bien.

Les concubins qui font l'acquisition en commun d'un bien immobilier peuvent aussi faire figurer dans l'acte une clause d'accroissement, dite « pacte tontinier ». Aux termes de ce pacte il est prévu que le premier mourant sera réputé n'avoir jamais été propriétaire du bien acquis en commun. Ce bien sera censé avoir toujours appartenu en totalité au survivant.

En cas de décès, les droits acquittés par le survivant correspondent aux droits perçus en cas de vente si la tontine porte sur un bien immobilier, qui est la résidence principale des deux coacquéreurs et dont la valeur n'est pas supérieure ou égale à 500 000 F au jour du décès. Lorsque le bien a une valeur supérieure à 500 000 F, la part supérieure à ce seuil est imposée selon le régime des personnes n'ayant pas d'alliance. Ceci limite la portée de cette modalité d'acquisition du logement commun.

Les concubins peuvent également créer une société civile immobilière afin d'acquérir un bien immobilier. Chacun sera dans ce cas titulaire de la moitié des parts sociales, la SCI étant juridiquement le propriétaire du bien. Un gérant doit être choisi parmi les concubins et les règles de fonctionnement de la société doivent être définies. Enfin il convient de prévoir une clause permettant au survivant en cas de décès du partenaire, de racheter en priorité les parts sociales de celui qui est décédé.

Si la mise en commun du patrimoine ne présente pas de difficultés particulières, celles-ci surgissent lorsqu'il faut se séparer et par voie de conséquence liquider l'actif commun.

2. **La liquidation du patrimoine commun.** — En présence d'une convention d'indivision à durée indéterminée ou à l'échéance d'une convention à durée déterminée, chacun des concubins en cas de désaccord peut saisir le tribunal de grande instance d'une action en partage. Les biens, objets de l'indivision, seront alors partagés en nature ; si cela s'avérait impossible, ils seraient mis en vente et le prix partagé.

Lorsqu'il faut liquider la tontine, les tribunaux considèrent que le partage de l'immeuble, qui se traduirait par sa vente et le partage du prix entre les concubins, *n'est pas possible*. Le juge ne peut que partager la jouissance, ce qui peut poser de sérieuses difficultés pratiques. Lorsque la configuration du bien s'y prête, on peut envisager un usage séparé ; à défaut le juge l'attribuera à l'un des tontiniers, à charge pour lui de verser une indemnité à l'autre.

Enfin la dissolution de la société civile immobilière suit les règles de dissolution et de liquidation des sociétés civiles prévues par le Code civil.

On notera enfin qu'en l'absence de convention d'indivision, de tontine ou de SCI, la jurisprudence admet pour liquider les intérêts pécuniaires des concubins – quel que soit leur sexe – l'existence d'une « société de fait ». Il faut pour cela qu'il y ait des apports communs, une gestion commune et une participation aux bénéfices et aux pertes[1]. Le recours à cette notion permet de liquider le patrimoine commun en appliquant les règles applicables aux sociétés civiles. S'il n'est pas possible de considérer qu'une « société de fait » a été créée, les juridictions peuvent alors avoir recours à la théorie de l'enrichissement sans cause : lorsque le patrimoine d'une personne, en l'occurrence, un concubin, se trouve sans cause légitime (contrat, quasi-contrat) enrichi au détriment de celui d'une autre personne, en l'occurrence, son compagnon, ce dernier peut réclamer judiciairement une part équivalente à son appauvrissement[2].

3. **La transmission du patrimoine.** — Les éléments du patrimoine peuvent se transmettre au moyen des libéralités[3]. Celles-ci sont possibles durant la vie des concubins (donations) mais aussi après le décès de l'un d'eux (legs et donations à cause de mort).

1. Cass. 11 février 1997, *La Semaine juridique*, éd. G, 1997, II, n° 22820, note T. Gare. Cet arrêt assouplit les conditions selon lesquelles les juges admettent l'existence d'une société de fait, *La Semaine juridique*, 1997, I, n° 4045, p. 366.

2. Civ. 4 avril 1991 pourvoi n° 89/16-321, CA, Paris, 29 juillet 1993, jurisdata 031405.

3. M. Nicod. L'homosexualité, les donations, les testaments et l'assurance-vie, *Les Petites Affiches*, 10 août 1994, p. 21 et s.

A) *La transmission durant la vie des concubins.* — En principe, les libéralités entre concubins homosexuels sont licites. Une décision du tribunal de grande instance de Paris, rendue en 1985, est venue préciser les limites de ce principe.

Dans cette affaire, les juges ont annulé, à la demande du frère du donateur défunt, les libéralités effectuées par un homme célibataire homosexuel à ses compagnons. Ils ont considéré que « les libéralités consenties par un homme célibataire, sans enfant et fortuné à d'autres hommes plus jeunes que lui avec lesquels il vivait en concubinage depuis de nombreuses années ou entretenait des relations sexuelles habituelles qui lui servaient à recruter d'autres partenaires (jeunes marginaux souvent) et qui financièrement dépendaient du disposant » ont « pour cause impulsive et déterminante *la rémunération de la prolongation de relations immorales* » ; elles sont en conséquence illicites[1].

On notera que l'homosexualité elle-même n'est pas en cause dans cette affaire. En effet, la même jurisprudence existe en matière de relations hétérosexuelles. C'est parce que les libéralités avaient pour objet de rémunérer des relations sexuelles, que le tribunal les a annulées. Sous cette réserve, les biens peuvent donc se transmettre durant le concubinage ou à cause de mort.

La transmission du patrimoine durant le concubinage homosexuel peut donc se faire au moyen de la donation qui est un contrat conclu par devant notaire aux termes duquel « le donateur se dépouille actuellement et *irrévocablement* de la chose donnée, en faveur du donataire qui l'accepte » (art. 894, C. civ.). On notera, ici, que les époux sont, à cet égard, autrement traités que les concubins puisque les donations entre époux sont toujours révocables lorsqu'elles n'ont pas

1. TGI, Paris, 28 juin 1985, *Répertoire Defresnois*,1985, I, p. 1161.

été faites par contrat de mariage, alors qu'entre les concubins elles sont irrévocables.

Sur le plan fiscal les concubins sont moins bien traités que les époux puisque la donation supporte un impôt correspondant à 60 % de la valeur du bien (aucun abattement n'est possible). Néanmoins la donation qualifiée de « don manuel », c'est-à-dire la transmission de la main à la main d'objet ou d'argent, est exempte de toute imposition. Si le don manuel est formalisé dans un acte soumis à enregistrement, ou fait l'objet d'une reconnaissance judiciaire ou encore est révélé par le donataire à l'administration fiscale, il doit être déclaré. Le droit d'enregistrement sera perçu lors de l'enregistrement de la déclaration[1].

B) *La transmission à cause de mort.* — Le décès entraîne la transmission du patrimoine aux héritiers désignés par la loi ou par le défunt. Il faut distinguer deux situations. La première est celle où le défunt n'a pas pensé à sa disparition de sorte que vont s'appliquer les règles successorales de droit commun *(succession ab intestat)* ; la seconde est celle où il a rédigé un testament.

En l'absence de disposition testamentaire, les concubins, *quelle que soit leur orientation sexuelle*, *ne sont titulaires d'aucun droit* alors que l'époux survivant a droit, au minimum, à un usufruit d'un quart sur le patrimoine de l'époux décédé (cela dépend de la présence d'héritiers réservataires : descendants, ascendants, frères et sœurs). A défaut d'héritier jusqu'au 6e degré, le patrimoine est transmis à l'État.

Le testament est donc indispensable pour garantir au minimum le principe de la transmission du patrimoine au partenaire. En présence d'héritiers réservataires, on ne peut disposer que de la quotité dispo-

1. F. Lefebvre, *Droit fiscal*, 1998, nos 6532 et 6585.

nible, variable selon le nombre des héritiers réservataires. Sur le plan des droits à acquitter, le testament ne résout pas l'inégalité de traitement posée par la loi entre les époux et les concubins puisqu'en tout état de cause *l'imposition de la succession sera de 60 % après abattement de 10 000 F* alors que le conjoint survivant bénéficie d'un abattement de 330 000 F et se voit imposer selon un taux qui varie de 5 à 40 % de la valeur du patrimoine, en fonction de sa consistance[1].

Il faut enfin signaler que les concubins peuvent souscrire une assurance-vie. Elle a notamment pour objet de constituer un capital décès qui sera reversé au bénéficiaire désigné par le contractant. L'assurance-vie bénéficie d'un traitement particulier puisque le capital versé ne supporte aucun droit de succession dans la mesure où il ne transite pas par le patrimoine du de cujus mais est versé directement par l'assureur au bénéficiaire. Depuis 1991, le législateur a limité la non-imposition : le capital versé n'est pas imposé, sans limitation de plafond, lorsque le souscripteur a moins de 70 ans ; au-delà de la soixante-dixième année, la non imposition est limitée aux primes versées, dont le montant n'excède pas 200 000 F. Au-delà l'imposition est de 60 %[2].

1. F. Lefebvre, *Droit fiscal,* 1998, n°s 6525 et 6530.
2. F. Lefebvre, *Droit fiscal,* 1998, n° 6508.

Chapitre IV

LES PERSPECTIVES

Une certaine volonté de traiter sur un pied d'égalité les couples quelle que soit leur orientation sexuelle s'est manifestée dans le cadre des institutions européennes. Ainsi le parlement européen a, le 8 février 1994, sur le fondement du rapport de Claudia Roth[1], adopté une résolution qui vise à abolir les inégalités de traitement fondées sur l'orientation sexuelle. Aux termes de cette résolution est affirmée notamment la nécessité de faire cesser « l'inégalité de traitement des personnes de même tendance sexuelle au niveau des dispositions juridiques et administratives ». Le Parlement européen demande, en outre, à la Commission d'élaborer « un projet de recommandation sur l'égalité des droits des homosexuels et des lesbiennes », dont l'objet est notamment de « chercher à mettre un terme à toute discrimination (...) au niveau du droit pénal, du droit civil, du droit contractuel général et du droit économique »[2].

Par ailleurs, les négociations relatives au traité de l'union européenne, dit d'Amsterdam, ont conduit les États membres à proposer la rédaction d'un article prohibant les discriminations fondées sur l'orientation sexuelle. L'article 13 est libellé de la

1. Rapport du 26 janvier 1994, PE 206/256.

2. Résolution du parlement européen sur l'égalité des droits des homosexuels et des lesbiennes dans la Communauté européenne 8 février 1994, *JOCE*, C 61/40, 28 février 1994.

manière suivante : sans préjudice des autres dispositions du présent traité et dans les limites des compétences que celui-ci confère à la Communauté, le Conseil, statuant à l'unanimité sur proposition de la Commission et après consultation du Parlement européen, peut prendre les mesures nécessaires en vue de combattre toute discrimination fondée sur le sexe, la race ou l'origine ethnique, la religion ou les convictions, un handicap, l'âge ou l'orientation sexuelle. Le traité d'Amsterdam a été adopté le 2 octobre 1997[1]. Toutefois la mise en œuvre pratique de l'article 13 sera difficile en raison de l'exigence *d'un vote à l'unanimité*, qui sera sans doute rarement satisfaite dans une matière aussi sensible que l'orientation sexuelle.

Ces différents textes ont, néanmoins, le mérite d'inscrire dans l'ordre politique la question de l'orientation sexuelle et la nécessité de son traitement indifférencié.

Il est clair néanmoins que cela ne se fera pas sans réticences comme le montre un arrêt rendu le 17 février 1998 par la Cour de Justice des Communautés européennes qui révèle une pusillanimité certaine.

L'affaire était la suivante : Mme Grant, homosexuelle britannique vivant avec une autre femme, a demandé à son employeur, la compagnie des chemins de fer, le bénéfice pour sa compagne de billets à tarif préférentiel, accordés aux conjoints et aux concubins des employés. L'employeur a refusé. Mme Grant a saisi le tribunal du travail de Southampton en invoquant la violation du principe d'égalité de traitement reconnu en droit européen. Le tribunal a prononcé un sursis à statuer et a sollicité l'avis de la Cour de Luxembourg. Alors que l'avocat général de la Cour avait rendu, le 30 septembre 1997, un avis aux termes

1. Le traité d'Amsterdam doit maintenant être ratifié par les États membres *pour entrer en vigueur*.

duquel il avait estimé que « le fait de ne pas accorder à une employée le bénéfice de réductions de tarifs de billet de transport pour son conjoint de même sexe, alors que la réglementation interne à l'entreprise prévoit ce type d'avantage pour le conjoint du sexe opposé, constitue une discrimination sexuelle qui est contraire à l'article 119 de la Communauté européenne » (...), la Cour a jugé que « le refus par un employeur d'octroyer une réduction sur le prix des transports en faveur d'une personne de même sexe avec laquelle le travailleur entretient une relation stable, lorsqu'une telle réduction est accordée en faveur du conjoint du travailleur ou de la personne de sexe opposé avec laquelle celui-ci entretient des relations stables hors mariage, ne constitue pas une discrimination prohibée par la loi 119 du traité CE•(...) »[1].

Dans les cadres nationaux la non reconnaissance des couples d'homosexuel/les est à l'origine de démarches visant à leur donner un statut. Ont ainsi été élaborés en France différents projets de contrat d'union civile ou d'union sociale qui se sont parfois inspirés de projets ou de législations étrangères.

I. — Les expériences étrangères

1. **Les pays européens.** — En Europe, le premier pays à avoir reconnu juridiquement le concubinage homosexuel est le Danemark. Depuis une loi du 7 juin 1989, entrée en vigueur le 1er octobre 1989, ce pays consacre des « Unions de partenaires » enregistrées à la mairie selon un rite civil identique à celui du mariage. L'enregistrement de ces unions *entraîne*

1. C. Denys, Perspectives européennes, Actes du colloque de l'Institut de formation du barreau de Paris du 24 septembre 1997, *Droit et homosexualité : état des lieux*, à paraître ; CJCE 17 février 1998, aff. C. 249/96 et conclusions de l'avocat général M. B. Elmer.

les mêmes effets que le mariage à l'exception du droit à l'adoption.

Comme le Danemark, la Norvège permet, depuis le 1er août 1993, des unions de partenaires qui sont enregistrées à la mairie. Elles entraînent les mêmes effets que le mariage à l'exception du droit à l'adoption. La Suède a aussi adopté un texte, entré en vigueur le 1er janvier 1995, aux termes duquel les homosexuel/les peuvent déclarer leur concubinage. Cette déclaration a les mêmes effets juridiques que le mariage à l'exception du droit à l'adoption. En 1996, le parlement hongrois a modifié son Code civil de telle sorte que les concubins homosexuel/les bénéficient des mêmes droits que les concubins hétérosexuel/les et notamment du droit d'hériter. L'adoption et le mariage sont en revanche exclus.

L'Islande reconnaît aussi les couples d'homosexuel/les mais à la différence des législations précédentes, la loi islandaise, entrée en vigueur en 1996, *est la première à prévoir, en cas de décès du parent biologique, un transfert automatique de l'autorité légale sur l'enfant au partenaire survivant.*

Aux Pays-Bas, les parlementaires néerlandais ont entériné la proposition de loi relative au partenariat, qui est entrée en vigueur le 1er janvier 1998[1]. Aux termes de ce texte, les Pays-Bas, à la différence des pays scandinaves, ont élaboré un statut général du concubinage. Ils n'ont donc pas consacré les seules unions homosexuelles. Le partenariat néerlandais confère aux concubins les mêmes droits que ceux accordés aux époux à l'exception du droit à l'adoption et du droit au séjour. Toutefois au printemps 1997 une commission composée de juristes (commission Kortmann), a été mise en place avec pour mission d'examiner la question de l' « ouverture » du mariage aux homosexuel/les et la question de l'adoption par le

1. Loi du 5 juillet 1997, Staatsblat, 1997, NR 324.

couple homosexuel. Le 28 octobre 1997, elle a remis son rapport aux termes duquel elle concluait à l'ouverture du mariage civil aux homosexuel/les. Le 16 avril 1998, le parlement néerlandais a demandé au gouvernement de présenter, au plus tard le 1er janvier 1999, un texte de loi permettant aux homosexuel/les de se marier. Les Pays-Bas seront le premier État à mettre sur un pied d'égalité totale homosexuel/les et hétérosexuel/les.

Ces unions de partenaires, qui sont légales dans leur pays d'origine, ne sont toutefois pas reconnues par les autorités françaises car selon le ministère des Affaires étrangères français, interrogé sur cette question, « la conception de l'ordre public français ne permet pas de reconnaître une union matrimoniale de personnes de même sexe ».

On notera, néanmoins, que le Danemark, la Norvège et la Suède ont conclu, en août 1995, un accord aux termes duquel chacun de ces États reconnaît le partenariat enregistré dans l'un des autres États parties à l'accord.

Dans d'autres pays européens les projets visant à assurer une égalité de traitement aux concubins indépendamment de « leur choix de vie » connaissent des fortunes diverses. En Espagne, les députés ont rejeté, au mois de mars 1997, par deux voix de majorité, une proposition socialiste de contrat d'union. Les députés ont redéposé, en mai 1997, une nouvelle proposition visant à permettre l'union de personnes de même sexe et conférant aux partenaires les mêmes droits que ceux accordés aux époux, à l'exception du droit à l'adoption et de la nationalité.

En Belgique, un texte a été adopté le 19 mars 1998 instaurant « la cohabitation légale ». Il a pour objet de permettre aux personnes physiques, indépendamment de leur sexe, de faire une déclaration de cohabitation légale par écrit devant l'administration communale entraînant des effets juridiques calqués, mais avec des nuances non négligeables, sur ceux du mariage (le texte est notamment muet sur les points suivants : succession, fiscalité, droit social). Ce texte entrera en vigueur dès que le roi aura signé le décret d'application.

Au Portugal, différentes propositions de loi ayant pour objet de garantir certains droits aux unions de faits, indépendamment de l'orientation sexuelle, ont été déposées devant le Parlement et rejetées le 25 juin 1997.

Enfin, le parlement finlandais a adopté, en septembre 1997, une résolution invitant le gouvernement à prendre les mesures nécessaires pour éliminer de la législation les dispositions discriminatoires à l'égard des couples d'homosexuel/les.

La tendance actuelle est donc généralement favorable à la reconnaissance d'un statut des couples d'homosexuel/les. Toutefois certains pays du continent européen les pénalisent toujours. Ainsi, la Roumanie punit l'homosexualité de peines d'emprisonnement et interdit toutes les associations d'homosexuel/les[1]. La Biélorussie, la Bosnie Herzégovine et Chypre font de même.

2. **Les États-Unis.** — Aux États-Unis, la question du mariage des homosexuel/les fait actuellement l'objet d'une vive controverse, née à Hawaï. En 1990, dans l'État d'Hawaï, trois couples de même sexe ont souhaité se marier. Conformément à la loi hawaiienne sur le mariage et comme tous les prétendants à cette union, ils ont sollicité de l'administration la délivrance d'une autorisation de mariage. Cette autorisation leur a été refusée en raison de leur identité de sexe car la loi hawaiienne dispose que le mariage est l'union d'une

1. Le Parlement européen a voté le 19 septembre 1996 une résolution aux termes de laquelle il avait notamment demandé « au président de la République roumaine d'utiliser tous ses pouvoirs pour empêcher l'entrée en vigueur de la proposition de modification Code pénal ».

femme avec un homme. Les trois couples ont saisi le tribunal de grande instance d'Honolulu qui a déclaré leur demande irrecevable le 1er octobre 1991 ; ils ont interjeté appel devant la Cour suprême de l'État d'Hawaï. Celle-ci a, le 5 mai 1993, casser le jugement de première instance et renvoyer l'affaire devant les premiers juges afin qu'ils effectuent un examen plus approfondi de la constitutionnalité de la loi en cause[1]. C'est ainsi que le 3 décembre 1996, le Tribunal de grande instance d'Honolulu après avoir entendu moult médecins experts, a considéré que la loi hawaiienne sur le mariage était inconstitutionnelle *car elle viole la clause d'égalité prévue par la constitution de l'État d'Hawaï.* En conséquence, le Tribunal a interdit à l'administration de refuser de délivrer les autorisations de mariages aux couples de même sexe[2]. L'État d'Hawaï a formé un recours contre cette décision. Il a demandé et obtenu la suspension provisoire de l'exécution du jugement. La Cour suprême d'Hawaï réexaminera son arrêt prochainement.

Cette décision du Tribunal de grande instance d'Honolulu a provoqué de nombreuses réactions hostiles. Tout d'abord, le Parlement de l'État de Hawaï a adopté une proposition d'amendement de la Constitution hawaiienne visant à interdire le mariage des homosexuel/les. Ensuite, le Congrès des États-Unis a proposé l'adoption d'une loi pour la défense du mariage hétérosexuel et a autorisé, d'ores et déjà, chaque État à ne pas reconnaître les mariages d'homosexuel/les. A la date du 30 juin 1997, des propositions de lois dont l'objet est d'interdire le mariage entre les personnes de même sexe ont été déposées dans 37 États ; parmi ces derniers, 16 ont, d'ores et déjà, adopté la proposition de loi. Enfin, si la décision

1. Baehr v. Lewin, 852 P 2d 44 (Hawaï, 1993).
2. Baehr v. Miike, Civ. n° 91-1394 (Cir. Ct. Hawaï, 3 décembre 1996).

de la Cour suprême de l'État d'Hawaï est confirmée, cela ne signifie pas que le mariage d'homosexuel/les célébré à Hawaï sera reconnu par les autres États. En effet, aux États-Unis, chaque État peut refuser de reconnaître un mariage célébré dans un autre État pour des raisons d'ordre public.

II. — Les tentatives françaises

En France, les inégalités de traitement fondées uniquement sur les mœurs sexuelles ont rendu nécessaire, aux yeux de certains, l'élaboration d'un statut du concubinage homosexuel. C'est ainsi que différentes propositions de loi ont vu le jour depuis 1990[1]. Plus récemment et issue d'une tradition née au Moyen Age est apparu le concept de pacte d'intérêt commun (PIC)[2].

1. **Les projets successifs.** — La première proposition de loi a été déposée au sénat en mai 1990 par M. Jean-Luc Mélanchon qui proposait un « partenariat civil ». Cette proposition n'a pas été discutée[3]. En 1991, a été créé, par différentes associations d'homosexuel/les, un collectif pour le contrat d'union civile (CUC) qui aboutira au dépôt, en novembre 1992, d'une proposition de loi par M. Jean-Pierre Michel, député socialiste[4]. Ce texte n'a pas été examiné. En décembre 1993, les députés du Mouvement des citoyens ont redéposé la proposition de loi sur le CUC qui n'a pas davantage été discutée. En mai 1995, la fédération AIDES a élaboré un nouveau projet : le con-

1. On lira avec beaucoup de profit le travail de synthèse et d'analyse de M. Schulz sur les différentes propositions de lois, cf. Le contrat d'union sociale en question, revue *Esprit*, octobre 1997, p. 188 et s.
2. J. Hauser, Les communautés taisibles, *Dalloz,* 1997, I, nº 30.
3. Proposition de loi du 25 janvier 1990 au Sénat relative au contrat de partenariat civil.
4. Proposition de loi du 25 novembre 1992 à l'AN relative contrat d'union civile.

trat de vie sociale (CVS). En septembre 1995, le collectif pour le CUC et AIDES ont décidé de s'allier. Cette union a donné naissance au contrat d'union sociale (CUS). Sous l'impulsion de la Gay Pride de juin 1996, le Parti socialiste et le Parti communiste ont déposé chacun, respectivement en janvier et février 1997, une nouvelle proposition de loi[1]. En avril 1997, la dissolution de l'Assemblée nationale a rendu caduques les propositions de lois précédemment déposées. Sous la nouvelle législature, le mouvement des citoyens, le Parti socialiste et le Parti communiste ont redéposé des propositions de loi relatives au contrat d'union[2]. Le 28 mai 1998, a été présenté par la Commission des lois le pacte civil de solidarité (PACS) qui est le fruit d'un rapprochement des trois propositions de lois déposées sous la législature de juin 1997. Le PACS devrait faire l'objet d'une discussion parlementaire, nous l'analyserons à ce titre[3].

2. **La proposition de pacte civil de solidarité (PACS).** — Au préalable, il convient de noter que la proposi-

1. Proposition de loi du 23 janvier 1997 à l'AN relative au contrat d'union sociale (PS) ; proposition de loi du 20 février 1997 à l'AN relative aux couples non mariés (PC).

2. Proposition de loi du 23 juillet 1997 à l'AN relative au contrat d'union civile et sociale (MDC) ; proposition de loi du 23 juillet 1997 à l'AN relative au contrat d'union sociale (PS). Proposition de loi du 30 septembre 1997 à l'AN relative aux droits des couples non mariés (PC).

3. On pourra lire les analyses suivantes sur les différentes propositions de lois : Gérard Bach-Ignasse, *Les Temps modernes,* mars-avril 1998, p. 156 et s. ; B. Beigner, *Revue du droit de la famille,* éd. Jurisclasseur, avril 1997, p. 4 et s. ; M. T. Calais-Auloy, *Les Petites Affiches,* 27 mars 1998, p. 6 ; J. Danet, Actes du Colloque de l'Institut de formation du barreau de Paris du 24 septembre 1997 ; *Droit et homosexualité : État des lieux,* à paraître ; J.-M. Florand, K. Achaoui, *Les Petites Affiches,* 9 avril 1993, p. 11 et s. ; F. Gaudu, *Dalloz,* 1998, I, p. 19 et s. ; H. Lecuyer, *Droit de la famille,* 1997, n° 11 ; L. Leveneur, *La Semaine juridique,* 1997, I, n° 4069, p. 513 et s. ; R.-M. Roland, *Les Petites Affiches,* 6 mars 1998, p. 12 et s. ; A. Seriaux, *Dr. fam.,* mars 1998 ; I. Théry, *Revue Esprit,* octobre 1997 ; J.-L. Vivier, *La vie judiciaire,* 28 septembre 1997, p. 2 et s.

tion de loi relative au PACS est totalement muette sur les questions relatives à la filiation : que deviendra l'enfant légitime, naturel, ou adoptif en cas de décès de son père ou de sa mère ? qu'en est-il de l'adoption par les deux partenaires ? L'insémination artificielle est-elle possible pour la femme stérile ayant conclu un PACS avec une autre femme[1] ?

La proposition de loi relative au PACS définit un contrat qui n'a pas pour objet de permettre l'accès des homosexuel/les au mariage mais une alternative au mariage, en proposant un *statut général du concubinage*. Ainsi la proposition indique que « le pacte civil de solidarité constate le lien unissant deux personnes physiques, qui vivent en commun » (art. 1).

Le PACS s'adresse aux personnes qui ne veulent pas se marier comme à celles qui ne peuvent pas se marier. Les homosexuel/les devraient, selon l'exposé des motifs de la proposition, pouvoir conclure un PACS. Le PACS a donc une portée plus large que le mariage puisqu'il inclut les homosexuel/les. A la différence du CUCS il n'englobe pas dans un même cadre juridique des couples ayant un lien affectif et sexuel et des non-couples (collatéraux, ami(e)s). Sont donc évacuées les confusions voire les difficultés inhérentes au mélange des genres, proné par le CUCS.

L'analyse du PACS montre qu'il est fait implicitement référence à l'institution maritale. Ceci apparaît clairement aussi bien lorsqu'il s'agit d'examiner les conditions de formation ou les effets du contrat que les modalités de sa rupture.

A) *La formation du PACS.*

Les règles de fond. — La loi exige, comme pour le mariage, que les parties donnent leur consentement. A défaut de consentement le contrat ne serait pas

1. Aucune des propositions déposées n'aborde ces questions.

valablement formé. A la différence des futurs conjoints, il n'est pas précisé que les partenaires doivent être juridiquement capables de contracter. Est-ce à dire que le mineur pourrait, seul, signer un PACS, alors qu'il ne peut seul s'engager dans les liens du mariage ? Qu'en est-il du majeur incapable ?

Les partenaires sont soumis à une variante de *l'interdiction de l'inceste* puisque le PACS est exclu entre ascendant et descendant en ligne directe ainsi qu'entre collatéraux jusqu'au deuxième degré inclus (art. 3). Cette prohibition de l'inceste est plus stricte que celle posée par le CUCS qui pouvait être conclu entre frère et sœur ou entre oncle et nièce.

Enfin de la même manière que les futurs conjoints, les partenaires obéissent *au principe de la monogamie* puisqu'il est interdit de conclure un PACS si l'un ou l'autre des partenaires est déjà engagé dans les liens du mariage ou dans ceux d'un autre PACS (art. 3).

Les règles de formes. En la forme, le PACS fait l'objet d'une déclaration conjointe des partenaires reçue, en leur présence, à la mairie du domicile ou de la résidence. Lorsque l'on réside à l'étranger la déclaration est reçue à l'ambassade ou au consulat de France (art. 4). Mention du PACS est faite sur un registre spécial, tenu à la mairie, où a été déclaré le PACS ainsi qu'à la mairie du lieu de naissance. En principe les partenaires devraient pouvoir recevoir gratuitement toutes les copies ou extraits d'acte. Les promoteurs du projet ont écarté la possibilité de conclure ce contrat devant le notaire, notamment en raison du coût des actes notariés. Ils ont également renoncé à recourir au juge parce que son image est fâcheusement associée au contentieux ; en revanche, le choix de la mairie sans référence à l'officier d'état civil traduit la volonté de se démarquer du mariage. On peut s'interroger sur la pertinence d'un tel choix car qui recevra les partenaires ?

A la différence du mariage, il n'est prévu aucune information, par le représentant de la mairie, des partenaires sur les droits et obligations découlant du PACS. Par ailleurs, il n'est question ni de publication du projet ni de certificat prénuptial. La non-exigence d'un certificat prénuptial résulte de ce que les promoteurs du PACS souhaitent manifestement éviter toute comparaison avec le mariage. L'absence de publication préalable aura pour conséquence une quasi-impossibilité pour les tiers de s'opposer à la conclusion d'un PACS.

B) *Les effets du PACS.* — Le PACS produit des effets entre les cocontractants ainsi qu'à l'égard des tiers.

Les effets du PACS entre les partenaires. — Sur un plan extra-patrimonial, les partenaires se doivent « soutien (...) moral » (art. 5). Il appartiendra à la jurisprudence de définir le contenu de cette obligation. On peut penser qu'elle s'apparente au devoir d'assistance des époux l'un envers l'autre.

Les partenaires liés par un PACS s'obligent mutuellement à vivre en commun (art. 5). Est-ce à dire que la cohabitation des partenaires est obligatoire ou pourront-ils comme les époux avoir un domicile distinct sans que cela ne porte atteinte à la communauté de vie (art. 108 du C. civ.) ?

En revanche, le pacte civil de solidarité n'entraîne pas d'obligation de fidélité ce qui peut avoir certaines conséquences : ainsi l'enfant conçu pendant le PACS avec un tiers *ne sera pas considéré comme un enfant adultérin.* Il pourra donc venir, à égalité, à la succession, réduisant par là même les droits successoraux du partenaire. Ceci n'aurait pas été le cas si l'enfant avait été conçu, pendant le mariage, avec un tiers. Cet enfant aurait été un enfant adultérin possédant des droits successoraux réduits dans les termes de l'article 759 du Code civil.

On notera, par ailleurs, que la transmission du

nom au partenaire n'est pas prévue dans la proposition alors que l'institution du mariage confère à chacun des époux, en pratique à l'épouse, l'usage du nom de l'autre.

Enfin, la proposition de loi prévoit qu' « est considéré comme ayant des liens personnels en France (...) l'étranger lié à un Français depuis au moins un an par un pacte civil de solidarité (...) à condition que son entrée sur le territoire français ait été régulière et que le partenaire ait conservé la nationalité française » (art. 18). En pratique cela signifie que l'étranger pourrait recevoir une carte temporaire d'un an en qualité de partenaire d'un ressortissant français alors que le conjoint de Français se voit octroyer une carte de dix ans. Il n'est pas précisé que l'étranger résidant régulièrement en France devrait pouvoir faire venir son partenaire, au titre du regroupement familial. Toutefois, l'étranger ayant conclu un PACS devrait faire partie des catégories d'étrangers insusceptibles d'être reconduits en dehors de la France. Enfin le texte prévoit que l'étranger qui a conclu un PACS avec un Français depuis au moins un an, justifie de son assimilation à la communauté française ; cette condition qui est nécessaire n'est néanmoins pas suffisante pour acquérir la nationalité française.

Sur le plan patrimonial les partenaires se doivent un « soutien matériel » (art. 5) qui semble différent du devoir de secours entre époux. Du moins les promoteurs de la proposition de loi n'ont pas repris la dénomination de devoir de secours. Toutefois l'on peut penser qu'en pratique – si la proposition devient loi – les tribunaux, saisis sur ce fondement, accorderont, le cas échéant, une pension alimentaire, comme en matière de devoir de secours.

Curieusement l'union n'entraîne pas d'obligation de contribuer à l'entretien du ménage. Les partenaires sont ici traités différemment des époux. Ceci ne semble pas justifié : dès lors qu'ils semblent avoir une obligation de vivre en commun, il semble logique de prévoir que chacun d'entre eux contribue à l'entretien du ménage à proportion de ses facultés.

En revanche, à défaut de convention spéciale passée devant notaire, les partenaires sont soumis au régime de la communauté d'acquêts, identique au régime légal applicable aux époux (art. 6) ; la possibilité de modifier ce régime est prévue. Faudra-t-il passer par-devant notaire ? Faudra-t-il faire homologuer le changement de régime comme les conjoints y sont astreints selon une procédure très rigoureuse ? La proposition de loi est muette sur ces questions.

Les cocontractants sont soumis, lorsque le PACS a une **durée de 5 ans,** aux mêmes règles que les époux concernant les donations et legs entre eux (art. 8). Cela signifie concrètement que ces donations et legs *seront révocables,* comme pour les époux (à moins d'avoir été formalisés dans le contrat de mariage) alors qu'actuellement donations et legs entre concubins sont, en principe, irrévocables.

On notera, par ailleurs, que la loi prévoit expressément que les concubins fonctionnaires bénéficieront de la réglementation relative au rapprochement des conjoints sous réserve d'une communauté de vie d'un an (art. 20).

Enfin les partenaires se voient reconnaître un droit de succession similaire à celui qui existe entre conjoints ; droit limité dans les deux cas de figure puisque le conjoint actuellement est loin d'avoir une place privilégiée dans l'ordre successoral (art. 7)[1]. La proposition prévoit expressément un abattement de

1. On ajoutera que le concubin survivant risque fort de se retrouver en concurrence avec des héritiers réservataires. Dans une telle hypothèse, il devrait être bénéficiaire d'un usufruit sur les biens du *de cujus.* On imagine la difficulté de gestion d'un tel droit en présence de l'hostilité de la famille du *de cujus.*

330 000 F similaire à celui du conjoint à condition que le PACS ait duré **5 ans** (art. 13).

Les effets du PACS à l'égard des tiers. A l'égard des tiers le PACS n'a aucune incidence d'ordre extra-patrimonial. C'est ainsi qu'à la différence de l'institution maritale, le pacte civil n'implique pas l'alliance des familles.

Par ailleurs, le partenaire d'une personne ayant adopté un enfant ne pourra pas adopter l'enfant de son partenaire, comme il pourrait le faire pour celui de son conjoint.

Enfin, la proposition de loi ne prévoit pas de conférer un exercice commun de l'autorité parentale au partenaire de l'homosexuel/le ayant un enfant, *dont il n'est pas le parent biologique.*

En revanche, le pacte civil a des conséquences patrimoniales pour les tiers. Tout d'abord, la proposition prévoit que les cocontractants « sont tenus solidairement à l'égard des tiers des dettes contractées par l'un d'eux dans le cadre de la vie courante » (art. 5). Cet engagement est plus large que celui des époux, qui sont tenus solidairement des dettes communes à l'égard des tiers, lorsque la dette a été contractée pour « l'entretien du ménage et l'éducation des enfants ». En outre, l'un des époux peut ne pas être solidaire d'une dette *lorsque la dépense engagée par son conjoint est manifestement excessive ou lorsqu'elle concerne un achat à tempérament important* (art. 220, al. 2 et 3 du C. civ.). Les partenaires ne bénéficient pas de cette limite. Leur engagement à l'égard des tiers est donc plus important que celui des époux, ce que certains justifient en indiquant qu'il s'agit de rassurer les créanciers face à la nouvelle institution du PACS.

L'article 21 de la proposition de loi dispose ensuite que le partenaire est assimilé au concubin notoire pour obtenir le transfert du droit au bail en cas d'abandon ou de décès du titulaire de ce droit. La cotitularité du bail qui existe entre époux n'est pas étendue aux partenaires du PACS. La proposition assure simplement un droit au transfert du bail. Cette disposition devrait mettre fin aux litiges dont sont saisies les juridictions en ce domaine.

Les partenaires se voient reconnaître les mêmes droits que les conjoints en matière de droit du travail et de sécurité sociale (art. 15 et 17). En revanche, les partenaires ne sont pas assimilés aux époux en ce qui concerne l'assurance veuvage, l'assurance décès et l'assurance vieillesse.

Enfin, l'article 11 de la proposition de loi prévoit que « les partenaires liés par un pacte civil de solidarité depuis au moins deux ans (...) font l'objet d'une imposition commune ».

On constate que les effets du PACS sont proches de ceux issus du mariage mais à un degré moindre et fréquemment soumis à des conditions de durée dont on comprend mal la justification.

C) *La dissolution du PACS.* — Les conditions de cette dissolution sont assez peu développées dans la proposition de loi. Elles mériteraient d'être précisées de manière à offrir une plus grande sécurité juridique aux partenaires.

Le texte prévoit d'abord que « le PACS prend fin par la volonté ou par le décès de l'un des partenaires » (art. 9). Curieusement, il n'est pas prévu une dissolution du PACS en cas d'absence juridiquement constatée, ce qui peut être source de grande difficulté pour celui qui reste. En dehors du cas de décès, le principe est donc celui de la liberté de dissolution... à condition que les partenaires soient d'accord. Or ceci n'est pas plus évident pour les partenaires que pour les époux. Aussi les modalités de la rupture prévues dans la proposition semblent inspirées de la législation sur le divorce puisque la dissolution du PACS peut intervenir après un délai de douze mois à compter de sa conclusion, sur déclaration conjointe[1]. Toutefois cette déclaration conjointe doit être enregistrée par le maire et non par un juge. On soulignera ce paradoxe qui veut que la dissolution du pacte soit plus solennelle que sa conclusion... En cas de désaccord, la partie la plus diligente saisira un juge (art. 10).

Il n'y aura sans doute pas de difficulté lorsque la rupture se fera d'un commun accord. Il suffira dans cette hypothèse de présenter à l'officier d'état civil compétent une convention notariée (art. 10), qui réglera la répartition des biens.

Les difficultés vont apparaître en cas de désaccord des partenaires. Dans cette hypothèse, la proposition énonce simplement que l'un des contractants saisit le juge qui « prononce la rupture du PACS et ordonne les mesures qui l'accompagnent » (art. 10). Elle ne précise pas quel est le juge saisi mais l'on peut penser qu'il s'agira du juge aux affaires familiales.

Sous quelle forme la saisine du juge s'effectuera-t-elle ? Quelles sont les règles qu'appliquera ce juge ? En ce qui concerne la répartition du patrimoine, pourra-t-il désigner un notaire chargé d'établir un projet de partage des biens ? Que se passera-t-il si les partenaires ne sont pas d'accord sur cette répartition ? Devront-ils comme les époux saisir le tribunal de grande instance aux fins de voir liquider leur patrimoine ? La proposition de loi reste muette sur ces points, pourtant extrêmement importants.

On notera que les motifs de la rupture ne devront jamais être énoncés. Ceci peut être justifié par le fait que la rupture ne saurait être fautive puisque le PACS

1. En matière de divorce, le délai de six mois est uniquement prévu pour le divorce sur requête conjointe ; le divorce pour faute (violences par exemple) peut intervenir sans délai. Les rédacteurs du PACS n'ont pas repris cette distinction, de sorte qu'avec la rédaction actuelle, le partenaire d'un PACS qui subirait des violences devrait nécessairement attendre douze mois avant de pouvoir saisir le juge.

n'impose pas un devoir de fidélité. En pratique la tâche du juge sera malaisée : sur quel critère prononcera-t-il la rupture ? Il convient vraisemblablement de considérer qu'une fois saisi d'une demande de dissolution par l'un ou l'autre des partenaires le juge *est tenu* de la prononcer et d'en organiser les conséquences. Enfin, la proposition ne prévoit nullement de compenser, par l'octroi d'une pension, les éventuelles disparités de niveau de vie causées par la rupture.

3. **Le pacte d'intérêt commun** (PIC)[1]. — Alors que le mariage et les différentes propositions de lois relatives au CUCS et au PACS ont un caractère institutionnel – du fait de la déclaration en mairie avec son enregistrement – et contractuel quant à la relation des partenaires, la proposition de PIC, inspiré des communautés taisibles du Moyen Age, est « une convention par laquelle deux personnes physiques décident d'organiser tout ou partie de leurs relations pécuniaires et patrimoniales en vue d'assurer leur communauté de vie ». Le PIC se situe donc à un niveau radicalement différent du mariage, du CUCS et du PACS puisqu'il n'implique aucune reconnaissance des partenaires par les institutions étatiques[2].

En ce qui concerne son régime, la proposition de PIC là encore ne saurait être comparée à l'institution maritale. D'une part, il n'est prévu aucun effet sur le plan extra-patrimonial (pas de soutien moral par exemple). D'autre part, sur le plan patrimonial, la proposition PIC indique que les parties définissent les modalités de leur organisation financière et patrimoniale *dans les limites autorisées par la loi.* La proposition donne toutefois quelques précisions. En ce qui

1. Comité de réflexion sur les conséquences financières de la séparation des couples, le projet de pacte d'intérêt commun, mission de recherche Droit et Justice, présidée par Jean Hauser, 24 avril 1998.

2. Rédaction définitive du projet de PIC nouvel article 1873-19 du Code civil à la date du 11 mai 1998.

concerne le droit au transfert du bail, il est subordonné à la dénonciation du contrat au bailleur. Sur le plan social, le cocontractant non assuré social pourrait devenir, sans condition de durée, l'ayant droit de son partenaire pour les prestations en nature des assurances maladie, maternité et invalidité. Sur le plan fiscal, l'imposition commune devrait être possible à compter du 31 décembre de la deuxième année suivant la conclusion d'un PIC. En ce qui concerne le barème des droits d'enregistrement en cas de transfert de biens (donation ou testament) il serait similaire à celui appliqué aux concubins soit une imposition à 60 % avec néanmoins un abattement porté à 150 000 F.

En ce qui concerne les conséquences de la rupture, les parties peuvent, si elles sont d'accord, décider conjointement de celle-ci au moyen, le cas échéant, d'une convention. A défaut d'accord les conséquences de la rupture (partage des biens) seraient réglées par le juge des référés ou le Tribunal de grande instance, saisis à l'initiative de la partie la plus diligente.

En conclusion, on peut dire que le PIC, est beaucoup plus proche du contrat de société civile que du mariage avec lequel il n'a manifestement rien à voir[1]. Il élude la dimension symbolique de la reconnaissance du couple homosexuel et produit des effets pour le moins restreints. Il pourrait être adopté comme un instrument juridique telle l'indivision ou le contrat de société mais il ne saurait répondre à la question de la reconnaissance légale du couple homosexuel.

Le PACS, lui, se révèle dans sa formation et sa dissolution plus solennel qu'un concubinage tout en semblant plus facile à conclure et à dissoudre qu'un

1. Le projet de PIC est d'ailleurs présenté sous la forme d'un titre neuvième du Code civil entre celui relatif à l'indivision et celui relatif aux sociétés civiles.

mariage. Dans son contenu, il apparaît comme une union qui cesse d'être libre pour constituer une sorte de mariage « allégé » dont les effets sont fréquemment soumis à une exigence de durée. Il n'est pas sûr qu'un tel modèle représente l'instrument juridique le plus approprié pour anéantir toutes les inégalités et notamment celles qui existent entre époux et concubins car la véritable discrimination se situe bien sur le terrain du mariage. En effet, la différence majeure entre les concubins hétérosexuel/les et homosexuel/les provient de ce que les premiers peuvent se marier alors que les seconds ne le peuvent pas. Les premiers sont traités différemment des époux parce qu'ils ont choisi de vivre en concubinage ; mais ils peuvent modifier leur situation puisqu'ils ont accès au mariage. Ce choix est interdit aux seconds.

Quelle que soit la voie qui sera finalement choisie : qu'elle résulte d'un texte de loi global ou de modifications législatives partielles dans tel ou tel domaine du droit, qu'elle résulte de l'institution du mariage ou d'une union civile, il importe de refuser des différences de traitements juridiques fondées sur la seule orientation sexuelle. Une telle évolution ne serait-elle pas plus conforme à notre État de droit ?

CONCLUSION

L'évolution du droit qui vient d'être décrite, n'a certainement pas atteint son terme. On ne peut guère prévoir ce qu'en sera l'aboutissement, ni s'il fera l'objet d'une refonte globale ou résultera d'avancées ponctuelles.

Cependant, les quelques modifications législatives et jurisprudentielles observées à ce jour ne sont pas seulement le fruit d'un enregistrement passif – et, d'ailleurs, partiel – des changements qui s'opèrent lentement dans les esprits et dans les faits. Elles confortent, en réalité, ces changements et favorisent leur approfondissement par la légitimité que le droit confère aux revendications des homosexuel/les, autant que par les garanties concrètes qui leur sont apportées.

BIBLIOGRAPHIE

AIDES, *Droit et Sida*, Paris, LGDJ, 1994.
AIDES Fédération nationale, *Vers la reconnaissance des couples de même sexe*, mise à jour de décembre 1997.
Bersani L., *Homos repenser l'identité*, Paris, Odile Jacob, avril 1998.
Bonnet M.-J., *Les relations amoureuses entre femmes*, Paris, Odile Jacob, « Opus », 1995.
Borrillo D., *Homosexualités et droit*, Paris, PUF, Les voies du droit, mai 1998.
Boswell J., *Christianisme, tolérance sociale et homosexualité*, Paris, Gallimard, 1985.
Boswell J., *Les unions de mêmes sexes*, Paris, Fayard, 1996.
Branlard J.-P., *Le sexe et l'état des personnes*, Paris, LGDJ, 1993.
Corraze J., *L'homosexualité*, Paris, PUF, « Que sais-je ? », 1982 et 1994.
Courtray F., *Norme sociale, droit et homosexualité*, thèse, Université Aix-Marseille.
Dubreuil E., *Les parents de même sexe*, Paris, Odile Jacob, mai 1998.
Fernandez D., *Le rapt de Ganymède*, Paris, Grasset, 1989.
Florand J.-M., Achaoui K, *Homosexualité. 101 réponses pratiques*, Paris, LGDJ, 1993.
Foucault M., *Histoire de la sexualité* (3 vol.), Paris, Gallimard, « Tel », 1976 et 1984.
Fraisse G., *La différence des sexes*, Paris, PUF, « Philosophie », 1996.
Leroy-Forgeot F., *Histoire juridique de l'homosexualité en Europe*, Paris, PUF, 1997.
Lever M., *Les bûchers de Sodome*, Paris, Seuil, « 10/18 », 1996.
Martel F., *Le rose et le noir*, Paris, Seuil, 1996.
Pierra E., *Le sexe et la loi*, Paris, Arlea, 1996.
Théry I., *Couple, filiation et parenté aujourd'hui*, Paris, Odile Jacob, 1998.
Revue *Les Temps modernes*, mars-avril 1998.
Un sujet inlassable : approches sociologiques, littéraires et juridiques des homosexualités, Cahier Gai Kitch, février 1995, ouvrage collectif.
L'homosexuel(le) dans les sociétés civiles et religieuses, Éd. Cerdic 1985, ouvrage collectif.

BIBLIOGRAPHIE THÉMATIQUE « QUE SAIS-JE ? »

L'homosexualité, n° 1976
L'accès à la justice, n° 2735
L'anthropologie juridique, n° 2528
La Convention européenne des droits de l'homme, n° 2513
Le droit de la procréation, n° 3270
Les personnes, n° 2680

TABLE DES MATIÈRES

Imprimé en France
Imprimerie des Presses Universitaires de France
73, avenue Ronsard, 41100 Vendôme
Octobre 1998 — N° 45 358